JN093776

歴史総合パートナーズ

14

武士の時代
はどのようにして
終わったのか

池田 勇太
Ikeda Yuta

SHIMIZUSHOIN

目次

はじめに：政治や社会が一変するとき...4

1. なぜ大名は領主をやめたのか...12
（1）版籍奉還はどうして可能だったのか...13
（2）藩と県は何が違うのか...20
（3）版籍奉還によって何が変わったのか...23

2. 武家の階級はどのようにして崩れたか...28
（1）武家を支えていた秩序はどのようなものか...29
（2）士族・卒という新しい身分...35
（3）階級秩序はどのように崩れていったか...37

3. 武家の支配はどのようにして終わったか...44
（1）東北諸藩と旧幕臣たちの苦難...45
（2）藩はどこへ向かおうとしていたのか...52
（3）廃藩置県はどのようにして起こったか...58
（4）藩の廃止はどう受け止められたか...64

4. なぜ士族の特権は奪われたのか...70
（1）文明開化のなかで...71
（2）秩禄処分...74
（3）城下町の変貌と士族...80

おわりに：必然ではない歴史を生きるには...84

はじめに：政治や社会が一変するとき

皆さんは，政治や社会を変えたいと思ったことがありますか？　いまでも世界のあちこちで，現状の理不尽さに憤る人々が世の中を変えようと，デモを行ったりSNSで発信したりして苦闘している姿を，私たちは日々のニュースで目にします。あるいは，現状を好んで変革を望まない人も多いかもしれません。しかしそれでも，大きな変化の渦が否応なく人々を巻き込んでしまうことは，ときにあることなのです。変革は下手をすれば暴力の応酬や戦争を呼び起こしますが，うまくいけば政治を改良し，人々の権利や待遇を改善します。しかし，政治や社会が一変するとはどのような経験なのか，私たちはそもそもあまりよく知らないのではないでしょうか。

　これからこの本で語ろうとするのは，明治維新という大きな変革のなかで，江戸時代まで支配身分にあった大名や武士たちが，支配者の座を降りることになった話です。それは誰も予期しなかったような，大きな政治・社会の変化でした。

　武士というと，皆さんには時代劇や漫画などでも馴染みのある存在で，まげを結った男性が2本の刀を腰に差している姿がすぐに思い浮かんでくると思います。学校でも，江戸時代の日本には身分制度があり，武士は「無礼打ち（斬り捨て御免）」などの特権を持っていたと教わってきたことでしょう。では，大名や武士が特権身分として人々を支配する時代は，いつ，どのようにして終わったのでしょうか。

　いつ，ということについては，先ほど明治維新という言葉を出しました。その明治維新のうちでも，1867（慶応3）年に政権が徳川家から天皇のもとに移った辺りから，1877（明治10）年に西南戦争で士族の反乱が終わるくらいまでの約10年間がそれに当たります。勘のいい人は，廃藩置県によって藩がなく

なった1871年を挙げるかもしれませんね。ところが，どのように，と訊かれると，うまく答えられる人はあまり多くはいないでしょう。

　それというのも，明治維新で武士の時代が終わったというとき，それを説明しようとするといくつもの事柄を説明しなければならないからです。けれども，「どのように」「なぜ」を問うことが，変化について考えるうえでは重要です。

　例えば，なぜ大名は父祖伝来の領地を返上して，領主であることをやめてしまったのでしょうか。表1は明治初年の主な出来事を教科書風に年表にしたものです。1869年の版籍奉還とあるのが，諸大名が自らの領地（版図）とそこに住む人民（戸籍）を天皇に返し，天皇が大名から領主としての性格を奪った改革になります。当時，大名たちは領主をやめねばならないような危うい状況に置かれていたわけではありませんでした。にもかかわらず，全国の大名は自ら土地と人民とを天皇に返してしまったのです。

　また，武士の支配が終わったことで，江戸時代の身分制度が大きく変化しましたが，長く続いた身分制度をどうして廃止してしまったのでしょうか。政治権力を天皇の政府に集中させたとしても，身分制度まで改める必要があったのでしょうか。

　このほか，政府は軍事力を抱えた諸藩をどのようにして廃止したのでしょう

1867（慶応3）年	大政奉還，王政復古
1868（慶応4・明治1）年	戊辰戦争
1869（明治2）年	版籍奉還
1871（明治4）年	廃藩置県
1873（明治6）年	徴兵令
1876（明治9）年	秩禄処分，廃刀令
1877（明治10）年	西南戦争

表1　明治初年の主な出来事

か。藩がなくなった後、どうやって士族（旧武士）は暮らしを立てていったのでしょうか。このように疑問を挙げてみると、今度はそれについて調べてみたいと思いますね。この本ではこれらの疑問にきちんと回答できるわけではありませんが、皆さんが考えたり調べたりするための入口を提供していくつもりです。

　入口といったのは、変革の経験は、地域によって、また置かれていた境遇によって、実にさまざまだからです。皆さんが住んでいる地域や学校がある辺りでは、どのようなことがあったでしょうか。明治時代に新しく日本に組み込まれた北海道や沖縄などを除くと、いずれの都府県でも武士の時代の痕跡が残っています。城下町や陣屋※1があった場所へは、離島でない限り少し電車やバスに乗るだけで行けるはずですし、図書館で地域の歴史を調べたり、博物館で学芸員の方から話を聞いてみたりして、実際に歴史の跡地を訪ねてみてはいかがでしょうか。

　図1は、長野県南部にある飯田市の遠景です。山に抱かれた丘のうえの町は、飯田藩という小さな藩の城下町でした。第二次世界大戦後の1947（昭和22）年に大火で町の大半を焼いてしまいましたが、いまも町の至るところに城下町だった頃の面影を残しています。本書でも具体的な例として、この地域の経験を何度か取り上げる予定です。というのも、この地域は鹿児島県や山口県のように明治維新で特別な活躍をした地域ではないからです。特別な地域でなくても、大きな変革の波はごく普通の土地にも及んでいて、皆さんの見慣れた場所にも、変革の時代の経験が眠っていることを知ってほしいのです。

※1　代官や旗本（将軍直属の家臣）、城を持たない大名が支配地に置き、支配を行った屋敷。

図1　飯田市街地遠景　東側より望む飯田市の遠景。中央の山のふもとが旧城下町。

図2　めがね橋（谷川橋）　右は飯田城の石垣が使われた橋脚。

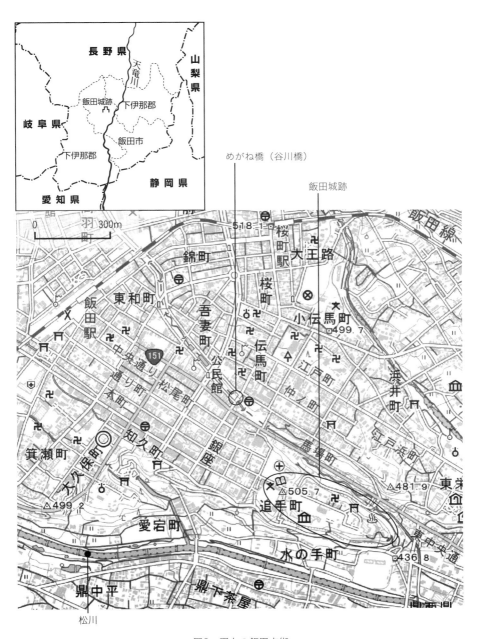

図3　現在の飯田市街

例えば，図2の道路は，橋になっています。いまは暗渠になって川が隠れていますが，飯田の城下町を南北に二分する谷川という川がこの下を流れています。1878（明治11）年，ここに石造りの橋が架けられました。いまでもアスファルトの道路の下に残っているその橋の石材には，飯田城の石垣が再利用されました。城を解体したときの記憶が，町の一部として残っているのです。普段皆さんが何げなく見ている景色のなかにも，同様にさまざまな歴史が眠っていることでしょう。この本を読んで，皆さんに身近な地域の歴史にも興味を抱いてもらえたなら幸いです。

1. なぜ大名は領主をやめたのか

（1）版籍奉還はどうして可能だったのか

●

　1871（明治4）年7月[※1]に行われた廃藩置県は，武士が支配する時代を終わらせる画期となった出来事でした。中央集権的な国家をつくるため，江戸時代の領主制[※2]の形跡である藩を廃止したのです。江戸時代は全国の土地が細かく分けられ，それらは幕府をはじめ，大名や公家・寺社など大小の領主によって支配されていました。江戸時代の大名は戦国時代までとは異なり，領主としての権限は弱いものでしたが，彼らによって全国が分割統治される姿は廃藩置県まで続いていました。

　この廃藩置県の重要な前提となったのが，その2年前の1869年に行われた版籍奉還です。1月，京都において，山口・鹿児島・高知・佐賀[※3]の4藩から版籍奉還の願書が提出されると，それ以外の諸藩もそれにならって次々と版籍の返上を願い出ました。朝廷ではただちに結論を出さず，東京で諸藩の代表者や諸大名などの意見も聞いたうえで，6月に諸藩の願いを聴き入れ，旧藩主を改めてその藩の知事（知藩事）に任命しました[※4]。

※1　本書では1873年1月の改暦より前は，旧暦で月日を表記しています。

※2　領主制という言葉は，中世における日本やヨーロッパの社会を分析する学術用語ですが，本書では広い意味でこれを用いています。江戸時代の領主はさまざまな面で幕府の制約を受け，また土地所有権も実質的には農民や商人らが持っていましたので，領主権の強さについていえば，中世の在地領主などに比べて弱かったといえます。

※3　明治初年の藩名は政府の置かれた地名で呼ぶのが正式ですので，本書でもその呼び方で統一します。

※4　朝廷が諸藩からの版籍奉還を許可した6月までに236藩が奉還し，未提出だった38藩は返上を命じられ，結果，274藩で旧藩主が知藩事に任命されました。勝田政治『廃藩置県』（講談社，2000年），61頁。

版籍奉還では, 旧大名とその家臣団が藩を統治する姿は変わりません。しかし, 知藩事は領主ではなく, 政府が各藩に派遣する役人です。そして, それは代々その地位を受け継いでいく世襲の役職ではないため, 同じ大名家が代々その藩を支配できるとは限らなくなったのです※5。つまり, 大名たちは版籍奉還を願い出たことで, 領主であることを自らやめてしまったことになります。どうしてこのようなことになったのでしょうか。

　実は, 徳川幕府が倒れるまでの幕末政治においては, 藩体制を否定する言葉が政治の議論に取り上げられることはありませんでした。幕末の変革を進めた人々のほとんどは, 武士の時代を終わらせようなどと意図していなかったと見られます※6。15代将軍の徳川慶喜（よしのぶ）（1837〜1913）が1867（慶応3）年に大政奉還を行ったとき, 慶喜は, ゆくゆくは日本も西洋諸国のような中央集権国家になる必要があると感じていたようですが, どのようにしたらそれが実現できるのかは, 夢にも思い浮かばなかったと, のちに語っています。大政奉還を受けた朝廷もまた, 藩体制を廃止することはとうてい不可能と考えていました。

　しかし, 何人かの先駆的な人々の脳裏には, 西洋列強と肩を並べていくためには, これまでの分権的な政治体制を改め, 朝廷の権力を確立しなければならないという考えが宿っていたのです※7。山口藩士で明治政府の確立に尽力した木戸孝允（きどたかよし）（1833〜1877）は, 早くにこの課題を自覚した一人でした。諸藩が割拠（かっきょ）する姿をやめ日本を統一しなければ国家を維持できないと考えた木戸は, 戊辰戦争（ぼしん）※8中の1868年2月, 政府の中心人物である三条実美（さんじょうさねとみ）（1837〜1891）と岩倉具視（いわくらともみ）（1825〜1883）に対し, 諸大名の土地人民を朝廷に返還させる必要を建白しました。しかし, あまりに急進的な木戸の意見は外に洩れる（も）ことさえ危ぶまれ, 棚上げにされます。そこで木戸は, 山口藩がこの変革の主導者とな

ることを希望し，まず藩主の毛利敬親（1819〜1871）を説得しますが，木戸
の周囲ですら否定的な意見が強く，実現することは容易ではありませんでした。

　このため木戸は一計を案じます。集権化の真意を表には出さず，名義を正す
ために土地と人民をいったん諸大名から朝廷に返上するという論法を用いる策
に出たのです。この「名義を正す」とは，どういうことでしょうか。

　1869（明治2）年に山口藩はじめ4藩が提出した版籍奉還の願書には，王政
復古の歴史観が語られています。それは，古代においては天皇が自ら統治を行っ
ていたのが，中世以降，天皇の権力が奪われたことで秩序が崩れ，いま再び天皇
の政治に復した以上，秩序を元に戻さねばならない，というものです。本来は天
皇が位や禄[9]を与えたり奪ったりすることで国内を治めていたわけですが，中
世以降は幕府などときの権力者がほしいままに土地人民を与奪して自らの勢力
を植えつけたため，朝廷は名ばかりの存在に止まってきました。そこで，いった
ん諸大名より土地と人民を返上し，朝廷より改めて与えてもらうことにすれば，
政治が朝廷から行われる秩序に戻るというのです。これが「名義を正す」とい

※5　もっとも，廃藩置県までの間，知藩事の交代は実質的に世襲されました。例えば熊本藩では細
　　　川韶邦が1870年に引退すると，養子の護久が知藩事に任命されています。
※6　洋学者の佐久間象山（1811〜1864）のように，王政復古を意図するということは，その行き
　　　着くところ士農工商の別がなくなり，武士を何らかの仕事に就業させねばならなくなると見通
　　　していた人もいました。ただ，それだけに尊王論は軽率に語るべきでないと佐久間は戒めてい
　　　たようです。石黒忠悳『懐旧九十年』（岩波書店，1983年），104頁。
※7　鹿児島藩では西洋への渡航体験のある寺島宗則（1832〜1893）が，1867年11月に藩主へ版
　　　籍奉還に関する建白をしています。1868年末には，兵庫県知事だった伊藤博文が諸藩の行政
　　　権・軍事権を朝廷に引き上げることを建白しています。
※8　戊辰戦争は，旧徳川幕府に味方する諸勢力と新政府との間で，1868年1月から1869年5月まで
　　　行われた内戦です。新政府の軍は官軍と呼ばれました。
※9　禄とは官に仕える者への支給物です。米や貨幣で与えられ，俸禄・扶持ともいいます。江戸時
　　　代の武士は禄を家ごとに世襲することが多く，家禄といいました。

うことの意味です。

　明治維新では，天皇を歴史的に正統な日本の君主と考え，天皇のために力を尽くす勤王の思想が変革の原動力として働いていました。そして勤王を掲げる政治勢力が徳川幕府を倒して明治政府をつくったことで，それがタテマエとして大きな力を持つようになったのです。この勤王の思想のなかには，中国の古典に由来する思想で，すべての土地と人民は王のものであるという「王土王民」※10の考えが入り込んでいました。これが王政復古の歴史観と合わさって，武家が天皇の土地をネコババしたように見なされたのです。したがって，諸大名の側からすると，いったん朝廷に版籍を返上し改めて下賜されることで，領有権を天皇に認めてもらうという意味がありました。

　木戸はこの版籍奉還の論法を用い，鹿児島藩と高知藩に話を持ちかけて賛同を得，その後佐賀藩も加え，1869年1月，先ほど述べた4藩による版籍奉還の願書を提出することに成功しました。ただ，朝廷への権力集中を意図する木戸が，領地の再交付を強調したとは考えにくく，おそらく，名義を正すためには版籍の返上が必要だと述べるに止めたものと推測されます。とはいえ，木戸の意見に賛意を示した鹿児島藩の大久保利通（1830〜1878）でさえ，藩を廃止することまでは考えていませんでしたし，高知藩の板垣退助（1837〜1919）に至っては，封土（大名の領地）を朝廷に引き上げることなど実現不可能であると考えていました。木戸が用いた版籍奉還の論法は，そんな彼らにも受け容れ可能なものだったのです※11。

　4藩の願書が出されると，諸藩もこれにならって相次いで版籍返上の願書を提出するに至りました。諸藩ではこの前年に，徳川家より与えられていた判物・朱印状※12を朝廷に提出していたものの，いまだ朝廷から領地を与える書類を

渡されていませんでした。江戸時代には将軍の代替わりや藩主が交代するごとに判物・朱印状の書き換えを行っていましたから，朝廷への名義換えのようにとらえ，所領安堵※13のための手続きとして版籍返上の願書を提出した藩もあったと考えられています。また，板垣退助がその本心とは別に高知藩を版籍奉還の主唱者に加えたように，勤王の行動がそれぞれの政治的立場に関係すると考えられた当時の雰囲気も，諸藩の追随を誘ったことでしょう。特に，戊辰戦争で官軍にたてついた藩や日和見をした藩にとっては，勤王の態度表明でもあったはずです。

　もっとも，この版籍奉還が中央集権化の意図を含むものであることは，多くの人の気がつくところでした。4藩からの建白が出されると，京都ではたちまち世論が騒ぎ立ち，木戸孝允の出身である山口藩内でも，木戸を非難する声が高かったといいます。佐倉藩（現在の千葉県）の依田右衛門次郎（1833〜1909）は，東京で版籍奉還の噂を聞いたとき，封建を郡県に変える話としてこれを聞きました。封建・郡県というのは，ともに中国から来た政治概念で，諸侯が王から与えられた領地を世襲する姿を封建，皇帝が官僚を全国に派遣して統治を行う中央集権の姿を郡県といいます。依田は，「諸侯の家臣は久しくその家に臣と

※10 「普天之下莫非王土，率土之浜莫非王臣（普天の下，王土に非ざるはなく，率土の浜，王臣に非ざるはなし）」天が覆うところで王の土地でないものはなく，地の続く限りそこに住む者で王臣でない者はない，という言葉。『詩経』小雅北山，『春秋左氏伝』昭公7年，『孟子』万章上などの儒教経典に見える詩の一節。

※11 4藩による版籍奉還の上表は，封土の再交付を主張していた鹿児島藩士の伊地知貞馨が起草したと考えられています。勝田政治『廃藩置県』（講談社，2000年），59〜60頁。

※12 領地判物は10万石以上の大名に将軍の花押を署して発給した文書。10万石に満たない領地の交付には朱印を捺した領地朱印状が出されました。

※13 朝廷や幕府などが大名など領主の土地領有を承認することを安堵といいます。

して仕えてきたのに，郡県となったら，ことごとくその家を去って，主人と肩を並べ朝廷に列するに至るのだろうか。忠義の家臣の心には耐えられないことだ。しかしいまや勢いここに至ってはどうしようもないのか」と日記に慨嘆をもらしています。ところがその半月後，庄内藩（現在の山形県）士から依田が聞いた話では，東京での噂と異なり，京都で諸藩が出した版籍奉還の上書は，すべて封土を一度返上したのち名義を正して給わろうという主意で，あながち郡県の制を行うことを意図していないというのです。諸藩の上書のなかには郡県を唱える者もあったため，依田はこの噂話に納得しませんでしたが，ほとんどの藩が版籍奉還を願い出た背景には，このように中央集権化の意図を疑いつつも，領地再交付への期待があったことがわかります[14]。

　諸藩からの願書に対し，朝廷では，東京で会議を開催し公論を尽くして沙汰をすると回答しています。この1869年夏（旧暦では4月から6月が夏）に東京で行われた大会議では，版籍奉還の処置について諸藩に諮問が下されたほか，諸藩を代表する公議人が議論する公議所でも，4月から5月にかけて封建・郡県の問題が話し合われました。鹿児島藩の森有礼（1847～1889）が主導したこの議題では，102藩と昌平学校[15]が郡県制を支持し，115藩が封建制を支持しています。もっとも郡県制を支持する側には，廃藩に近い意見（40藩および昌平学校）と，世襲の知事を置くという折衷的な意見（62藩）があり，大勢は大名家による支配を残す意見だったといえます[16]。

　他方で，政府内では当初，版籍奉還に対する方針が定まっていませんでした。中央集権化を進めるにしても，諸藩の本心が封土の返還にないことを政府首脳は理解していましたし，大久保利通ら有力者も，大名による統治を廃止するつもりはありませんでした。5月には大名を知藩事にする方針が決まりましたが，

無条件に全大名を任命するか，不適格者[17]を外すかで，政府内の意見が分かれたようです。無条件に任命してしまった場合，知藩事はこれまで通り大名家が世襲すると人々に認識されかねません。最終的に，政府はすべての大名を知藩事に任命したものの，木戸孝允や伊藤博文（1841〜1909）が強く働きかけた結果，世襲については約束しませんでした。もしもこのとき知藩事の世襲を約束していたら，廃藩置県はよほど困難になっていたことでしょう。ここが歴史の大きな分岐点だったといえます。

　6月17日，朝廷は諸藩からの版籍奉還を許し，旧藩主を知藩事に任命しました。諸藩は実質的にこれまで通り大名が治めるのですが，制度上は天皇が全国を治め，知藩事も天皇の役人となりました。手続きのつもりで版籍奉還を願い出た諸藩の期待は裏切られたことになります[18]。しかし，版籍奉還の願書に書いたタテマエからこの決定を拒否することは難しく，また公議所での議論とは別に，諸大名は5月中に朝廷から知藩事任命についての諮問も受けていました

※14　ただし，米沢藩（現在の山形県）のように郡県論を積極的に評価して版籍奉還を行った藩もありました。松尾正人『廃藩置県の研究』（吉川弘文館，2001年），41〜43頁。

※15　徳川幕府直営の学問所（昌平坂学問所）を明治政府が引き継いで管轄した高等教育機関。

※16　郡県制を支持した藩には，財政が苦しく藩を維持することが難しい小藩や，大政奉還以後も徳川方に立って処罰された藩が多く，後者は勤王の態度を表明するためだったと推測されています。原口清『戊辰戦争論の展開』（岩田書院，2008年），193〜195頁。

※17　大名には幼少者や病気がちの人も少なくなく，政治能力を疑問視される人もいました。

※18　5月下旬，朝廷より諸大名を知藩事に任じる諮問が行われたさい，宮中で他の大名と話していた福岡藩主の黒田長知（1838〜1902）は，「藩知事では郡県の制だ。封建の方がよい」とぼやき，柳河藩主より「貴殿方はかつて版籍奉還のことを願い出たのではないのか。そうであれば今日の御下問は御願意を遂げられ，さぞ御満足だろうに，どうしてそのような言葉があるのか」と訊かれると，「奉還のことは表向きの手数にすぎない。本心は違う」と答えたといいます（「徴士日記」第一冊，宮内公文書館所蔵）。

ので，予想はしていたと思われます。公議所では封建を是とする諸藩の代表者97人が2度にわたり反対の建白を行いましたが，封建論が採用されることはありませんでした。

（2）藩と県は何が違うのか

●

　知藩事の任命後，政府は諸大名に対し，帰国のうえ藩政改革を行うことを命じました。明治に入ってから，政府が諸藩に対し統一的に示した改革の指令には，1868（明治元）年10月の「藩治職制」，1869年6月の「諸務変革指令」，1870年9月の「藩制」があります。これらは「府藩県三治一致」というスローガンのもと，藩を政府の直轄する府県[※19]と同じく地方行政機構として統制しようとするものでした。では，藩と府県の統治を近づけていくことには，どのような意味があったのでしょうか。

　このことを理解するために，藩について少し話をしておきましょう。ここまで藩という言葉を用いてきましたが，藩は1868年に明治政府によって置かれた地方行政の単位で，江戸時代には正式な制度上の呼称ではありませんでした。もっとも，藩という言葉は江戸時代にも使われていましたので，藩と呼ぶことが必ずしも間違いというわけではありません。ただし，明治の藩は江戸時代の藩から変化していることに留意が必要です。では，明治の藩と比べて，江戸時代の藩はどのような特徴を持っていたのでしょうか。

　江戸時代の藩は，大名家とその家臣団を基本とします。『武鑑』という，一般向けに売られた大名の一覧表では，例えば伊予（現在の愛媛県）の松山藩であ

れば「松平隠岐守勝成」というように，大名の名前が見出しになっていて，系図や家紋・殿席（江戸城で詰める部屋）等のデータが書かれ，有力家臣の名も列挙されています。所領は「拾五万石　御在城伊予温泉郡松山」のように，石高[20]と城のある土地で示されます。江戸時代の人々にとって藩というものは，行政単位というよりも，まずは大名家として意識されていたわけです。

　このことは，領地のあり方からもうかがえます。そもそも大名や旗本の領地は，加増や減封[21]が行われるだけでなく，必ずしもひとまとまりの地域ではありませんでした。隔たった複数の土地から領地が構成されることもありますし，飛び地（例えば彦根藩は城のある滋賀県彦根市の近辺だけでなく，現在の東京都世田谷区にも領地がありましたし，現在の大分県大分市の鶴崎は熊本藩の領地でした）や，一つの村落に複数の領主がいる相給の支配地などもありました。現在の都道府県のように，近接するまとまった地域を管轄する行政組織とは，基本的に異なるものだと考えるべきでしょう。また現在では都道府県は47ですが，藩は270ほど存在しており，徳川家の直轄領や旗本領まで考慮すれば，国土はかなり細分化されていたといえます。図4は現在の長野県下伊那郡と飯田市に当たる地域の19世紀初頭における領域分布を示したものです。各領域が細かく入り組んでいるとともに，土地が分散して与えられていたことも見て取れるでしょう。

※19　府県は旧幕府の直轄地や旗本領，戊辰戦争で政府に逆らった藩より取り上げた土地に置かれました。府は東京や京都など重要な都市に置かれ，それ以外には県が置かれました。

※20　石は米の量を数える単位で，重さにすると米1石は150kg前後です。江戸時代は土地の広さや生産量を，生産される米の収穫高で示しました（米の取れない場所でも生産額を米に換算して石高で表しました）。

※21　主君が臣下に与える石高を増やすことを加増，減らすことを減封といいます。

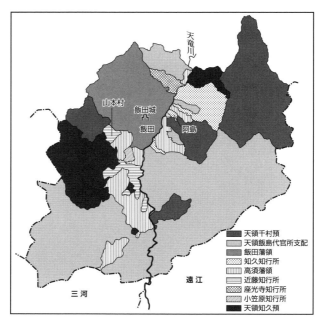

図4　文化元（1804）年の下伊那

　大きな大名家の場合，一門や上級の家臣には知行地^{※22}が与えられ，陪臣（家臣の家臣）がいました。例えば周防・長門2か国（現在の山口県）の領主であった毛利家では，6000石以上を有する一門（藩主一族）・永代家老（世襲で家老を務める家柄）が8家あり，そのほかに知行地を給される上級の家臣も多く抱えていました。幕末に毛利家の家老を勤めた浦靭負（1795〜1870）は，約3700石を持つ上級家臣で，うち約2300石が知行地として4か所に分けて与えられていました。知行地はいずれも相給で，そのうち中心となる村には家来の家が約100軒，民家にまじって集落を形成していたようです。江戸時代の領主制はこのように，地域によっては領地のなかにさらに知行地があり，家臣の家臣がいるという，入れ子構造をともなっていたといえます。いわば，藩のなかに

藩があったわけです。

　しかも，法令や税体系は領主ごとでまちまちでした。死刑をともなう刑罰も基本的には大名ごとに行っていました。幕府の法度は諸大名の領内でも行われていましたが，それでも各藩独自に制度や法令がつくられ，藩は独立的な性格を強く持っていました。

　また，支配身分が武家だったことも重要です。大名家は府県と異なり，基本的には軍事組織としての性格を持っていました。

　それでは，明治初年に全国で行われた藩政改革で，こうした藩の性格はどのように変化したのでしょうか。

（3）版籍奉還によって何が変わったのか

●

　版籍奉還後に行われた藩政改革は，藩によって違いが大きく，一概にはいえないのですが，それでも共通した課題や傾向がありました。そのうち藩士の禄制改革や階級整理については章を改めて述べるとして，ここでは藩がその領主的な性格をぬぐい，府県に近い性格の地方行政機構に変化していった過程を見ていきましょう。

①中央政府による統制

　版籍奉還によってまがりなりにも郡県制となったことで，藩は天皇の土地と

※22　知行とは所領支配の意味です。大名が家臣に知行を与える場合，領地を与えて家臣に支配させる場合と，大名が代官を置いて支配し，知行地からの税額分を与える場合がありました。

人民を管轄する組織となりました。中央政府は版籍奉還後，諸藩に対して改革を指示し，これまでの支配地の石高・現米総高[※23]や，産物・税，職制・職員，藩士・兵卒の人数等々を調べて提出するよう命じています。これによって政府が諸藩の実情を掌握するとともに，制度的な統一を進めていったのです。藩の側からも，政府の指示を仰ぎながら改革を進めていくようになります。刑罰についても，死刑の場合は判決をその都度刑部省（ぎょうぶしょう）へ伺うこととなりました。

②公私の分離

　次に，藩と大名家との混同を改める，公私の分離が行われました。これまでは大名家とその家臣団がすなわち藩だったわけですが，藩が府県と同様の地方行政機構に位置づけられたことで，公的な行政である藩政と私的な大名家の家政[※24]とを分けることになったのです。政府は版籍奉還以前から諸藩に対して藩政と大名家の家政との分離を示していましたが，特に版籍奉還後，諸藩が政府に伺いを立てながら改革を進めていくなかで，具体的に両者が分けられていきました。

　まず大名家に関する役職と藩の役職とを区別し，組織のうえでの分離が図られます。藩には，知事（ちじ）[※25]・大参事（だいさんじ）・少参事（しょうさんじ）が置かれました。これらは中央政府が直轄してきた府県での職制に合わせた名称です。また知事の家禄（かろく）は現石の10分の1と定められ[※26]，藩財政と切り離されました。

　こうした政府の方針を受けて，意識の高い藩では，藩政は朝廷の出先機関であるという認識を藩内に示して改革を進めていきました。鳥取藩では，知藩事の池田慶徳（いけだよしのり）が版籍奉還後に帰国すると，藩政を行う鳥取城とは別に住居をかまえています。つまり，藩主が城を出て外から登城する姿になるわけです。

なお，郡県制となったことで，知事と藩士たちとは君臣の関係でなくなりました。藩士たちの意識がただちに変化したとは考えがたいことですが，形式上公私を区別するなかで，関係の変化が目に見えるようになっていきます。例えば熊本藩（細川家）では，それまで年頭や節句ごとに藩士が登城して藩主へ拝礼してきましたが，これを，その意味を読み替えて，朝廷への祝儀を言上する儀式にしています。同藩ではそれまで藩政に尽力した藩士への賞賜に細川家の家紋が入った品を与えてきましたが，以後は用いないこととし，細川家の菩提寺への参拝も，藩の大参事・権大参事[27]ら（以前であれば家老に相当）が代拝することをやめました。細川家に不幸があったさいに藩内へ慎み（宴会や楽器演奏などの自粛）を要求することもやめています。

③飛び地の整理，入れ子構造の解消

　このように，版籍奉還後の藩政改革では，藩を大名家から分離していくという方針がとられました。次第に藩は領主としての性格をぬぐい去っていくことになります。1869（明治2）年後半から1870年にかけて，飛び地の整理が行われたのもその一つです。これまで分散して領地が与えられてきたことは統治上

※23　これ以前は表高で称されていましたが，現高に切り替えられました。例えば金沢藩（現在の石川県）は表高102万2700石から現高63万6880石となります。奥田晴樹『維新と開化』（吉川弘文館，2016年），108頁。

※24　家政とは家の運営に関する仕事を指します。大名家のような大きな家を運営するには多くの使用人が必要でした。江戸時代までは，大名家のように，家が行政をつかさどる単位として機能していましたが，近代国家では行政や公的な事業が家政から分離されていきます。

※25　知藩事は藩知事とも知事とも称されました。

※26　注23の金沢藩の例でいえば，知事家禄は6万3688石になります。

※27　権は役職名では，正に対する副を意味します。権大参事は大参事の1級下です。

多くの弊害があると問題視され，公議所でも多くの藩がその是正を要求しました。政府では府藩県の管轄地が一円的になるように，諸藩の飛び地の返還や替地を試みています[28]。

　大名領内にさらに知行地があるという入れ子構造も解消されました。大名が版籍奉還を行ったことで，その家臣の知行地の返還も行われることになりました。先駆的な鳥取藩では，版籍奉還の建白を提出するのと同時に，藩士たちに渡してきた知行地の判物を回収しています。佐賀藩の場合，小城・蓮池・鹿島の3支藩に加えて最上級家臣14家が私領を持っていました。彼らは家臣団を持ち独自に行政を行っていましたので，藩のなかに藩がある姿だったわけです。1869年1月に藩主の鍋島直大が版籍奉還を上奏[29]すると，3月に最上級家臣たちも知行地の返上を藩に願い出ました。彼らの家臣も藩の直臣同様に扱われるようになります。

　版籍奉還後は，諸藩で藩士に土地を与える知行制を廃止して，藩の蔵米[30]から支給するかたちに切り替える改革を行っており，天皇の土地人民を私有する形跡はなくなっていきました。このように藩の入れ子構造が破壊されると，有力家臣の家来たち，つまり陪臣は本藩に吸収されることになります。〈藩主―家臣―陪臣〉という入れ子構造の君臣関係は，〈知事―藩士〉という関係に変化していきました[31]。

④行政機構の簡素化

　藩政改革では，府県にならって簡易な行政機構とする組織改革を行うことも進められました。大名家と藩政機構とを分離するだけでなく，組織の簡素化が目指されたのです。明治維新ではそれまでの身分格式による上下の隔たりを批

判するとともに，形式や慣習を否定して実質を重んじる傾向が強く，藩の行政においても合理化が進められたことで，多くの役職や仕事が廃止・統合されていきました。熊本藩では1870年の7月から8月にかけて13局を5局に再編しています。そして，藩庁の襖（ふすま）を撤去して各局は敷居（しきい）で隔てるのみとし，知事から下々の役人まで一目で見渡せるようにしたといいます※32。それまでは藩主への目通りも容易でなかったという一事を取っても，変化の大きさがわかるでしょう。

　この時期に大名家による私的な支配の形跡を改める改革が行われたことは，廃藩置県によって藩が県という行政機構に改まる重要な前提を用意したといえます。

※28　ただし，この政策は代替地給付の問題や実高の把握の難しさなどから1870年10月に中断されています。松尾正人『廃藩置県の研究』（吉川弘文館，2001年），91〜92頁。

※29　天皇に意見などを述べること。

※30　蔵米とは藩の管理する米蔵から家臣に支給される米のことです。

※31　藩内の入れ子構造の解消は，必ずしも容易なことではなかったと考えられます。1万石以上の小領主でも大名の家来として士族にされたり，陪臣が本藩へ編入されるとき，卒に編入されるなど階級を下げたりすることが行われました。そのため，福井藩の武生（たけふ）騒動のように反対一揆（いっき）が起きたり，徳島藩の稲田（いなだ）騒動（庚午（こうご）事件）のように本藩士による陪臣の襲撃がなされたりするなど，過激な事件に発展することもありました。

※32　佐賀藩でも儀式用の広間を仕切って各局を入れ，わずかの人数で事務を行って，従来の習慣による形式や手数を省略しています。木原溥幸『佐賀藩と明治維新』（九州大学出版会，2009年），76頁。

2. 武家の階級はどのようにして崩れたか

（1）武家を支えていた秩序はどのようなものか

●

　ところで，ここまで「武士」という言葉で説明をしてきましたが，厳密にい
うと，江戸時代の支配身分には多様性があり，かつ細かな階級[1]が存在してい
ました。ここではごく簡単に，武家（ここでは大名家）の秩序について触れて
おきましょう。

①格式の差別

　江戸時代の人々を階層で見ると，ごく大雑把（おおざっぱ）には，(1)公家や大名・上級の武
家などの高貴な人々，(2)侍（士）（さむらい）などの支配身分，(3)侍と庶民（百姓と町人）
の中間身分，(4)庶民，(5)被差別民に大別でき，それらは明治に入って華族・士族・
卒・平民に再編成されます。しかし，実際には多様な身分と細かな階級が存在
しており，ことに武家のなかの階級は細かく分かれていました。

　表2は山口藩毛利家の家臣団に存在した階級名を列挙したものになります。
時期的な変遷を無視していますので，これらすべてが同時期に存在したわけで
はないのですが，一見してその細かさがわかるでしょう。毛利家の場合，士席（士
と認められた者）（さむらいやとい）は21の士雇までになります[2]。それ以下には，足軽（あしがる）や奉公人

※1　ここでいう階級とは，「労働者階級」などの用法で使われる言葉とは別のもので，人には上下
　　の秩序があることを前提とした身分・地位の段階をいいます。

※2　ただし身分の線引きは藩によっても，また設定する基準によっても一様ではありませんので，
　　本書ではどこまでが「武士」かという定義はせずに叙述しています。例えば，騎馬武者で知行
　　を有するのが「武士」であるという宇都宮（うつのみや）藩の定義を当てはめると，歩行する侍である徒士（かち）は「武
　　士」に入らなくなってしまうからです。磯田道史『近世大名家臣団の社会構造』（東京大学出
　　版会，2003年），30〜31頁。

1	一門	25	大阪船頭	49	鍛冶
2	永代家老	26	検断	50	御茶屋組
3	寄組	27	手大工	51	山代地手子
4	手廻組	28	手廻足軽	52	大阪淀舸子
5	物頭組	29	先手足軽	53	大阪邸門番
6	大組	30	城代足軽	54	京手子六尺
7	船手組	31	浜崎梶取	55	四役
8	遠近付	32	浜崎手舸子	56	厩ノ者
9	寺社組	33	浜崎歌舸子	57	雑色
10	無給通	34	山口馬刺	58	煮方
11	鷹匠	35	梶取	59	食焚
12	鵜匠	36	手舸子	60	天下送場中間
13	膳夫	37	平郡舸子	61	武具方中間
14	大船頭	38	蔵元付中間組	62	時打
15	中船頭	39	地方組中間	63	水仁
16	地徒士	40	十三組中間	64	野山屋敷中間
17	供徒士	41	百人中間組	65	石切
18	陣僧	42	新百人中間組	66	吉田茶屋道具番
19	三十人通	43	新中間組	67	籠番
20	小船頭	44	六尺	68	鷹方下役
21	士雇	45	新六尺	69	鳥飼
22	御細工人	46	船大工	70	蔵元付支配中間
23	船頭稽古扶持取	47	木挽		
24	浜崎船大工	48	杣		

表2　毛利家中における階級　時山弥八編『稿本もりのしげり』（1916年）記載の「旧長藩士卒階級一覧表」より階級名を列挙したもの。

に当たる人々のほか，木挽や鍛冶など藩から扶持※3を受ける職人も含まれています。彼らは大名家臣団の裾野で働く存在でした。また侍のなかでも，知行地を与えられる知行取※4と蔵米を給される身分との差もありました。

　格の違いは日常的な服装や言葉遣い，手紙の書き方，挨拶の仕方，公的な場での名乗りや礼節のあり方などで差異化されていました。服装でいえば，袴をは

図5　大名行列　津山藩（現在の岡山県）の大名行列。階級による服装の違いも見て取れる。

くのが士の目印で，衣服の素材や履物で差別化することも行われました。言葉
遣いでは，例えば中津藩（現在の大分県）では「見てくれよ」という言葉を，
上士は「みちくれい」，下士は「みちくりい」，商人は「みてくりい」，農民は「み
ちぇくりい」と，身分の違いで言葉遣いが違ったといいます[5]。旗本の花房家
では，敬礼をするさいに足軽から士分へは下駄を脱いで土下座し，徒士から士
分へは土下座せず丁寧にお辞儀を行い，士分同士では簡単なお辞儀や会釈をす
ると定めていました。熊本藩では，士席以上と以下とではっきり階級が分かれ
ており，以上と以下とでは対面するさいも同じ部屋に入ることを遠慮し，養子
縁組や結婚などはできず，士席以上が以下の者を無礼打ちしても咎められませ

※3　知行地を持たない家来に与えられる米。一人扶持は年に1石8斗程度ですが地域差があります。

※4　知行取のなかでもさらに，実際に知行地を配分されている者と知行地に相当する蔵米を支給さ
　　れている者との違いがありました。

※5　福沢諭吉「旧藩情」（慶應義塾編『福澤諭吉全集』7巻〈岩波書店，1959年〉，271頁）。山口藩
　　の城下町萩では，士分同士・足軽同士が互いに呼び合うときは「様」をつけていましたが，士
　　分から足軽や百姓身分の者を呼ぶときには名前を呼び捨てにしていました。

図6　内職する武士　将棋の駒づくりをする米沢藩士。

んでした。同じ家臣団のなかでも格式の差別があったわけです。

　なお，収入の少ない家臣たちの間では，一般的に内職が行われていました[※6]。その仕事は多様で，手工業ではメリヤス編みなどの織物や，戸障子・戸棚づくりなどの指物細工，団扇・傘・提灯などの製作が広く行われ，米沢の筆，秋月の印籠，小倉の合羽など，地域の特産品にもつながりました。手工業以外にも畑づくりや養蚕・漁猟，野菜や花の行商，花卉栽培や鈴虫・金魚・小鳥飼いなど，枚挙に暇がありません。彼らは武家の裾野にあって農工商の労働をしていましたので，上級の武士からは庶民と同様の低い身分に見られたといえるでしょう。しかし明治を迎え，武士が家禄を奪われていくなかでは，それらの副業が本業となって彼らを助けることになります。

②軍団編制・軍役と秩序

　武家の階級はそもそも軍団編制に対応していました[※7]。また，武士は知行をもらうかわりに軍役などの役を負っており，軍役の規定では多くの雑兵を従え

て出動せねばなりませんでした。例えば500石取りの武士は11人の人数を出さねばならず，そのうち侍2人を除く，甲冑持ち・立弓持ち・槍持ち・挟箱持ち・馬の口取り・草履取り・小荷駄（兵糧や物資を馬で運搬する者）は直接の戦闘員ではありませんでした。禄高の大きい武士ほど差し出す兵員と雑兵の数が増えるため，家禄にはこれら人馬を養う意味合いも含まれていました。しかし平和な時代が長く続いたことで，19世紀には日本の軍事技術は時代遅れとなってしまいます。騎馬武者に雑兵が従う戦闘形態では戦闘員は軍隊の一部にすぎませんが，西洋の軍隊のように一人ひとりが銃を用いる戦闘形態では全員が戦闘員となり，軍事力の差は歴然です。とはいえ上級の武士も下級の足軽も同じ一兵に変えることは，軍団編制・軍役と武家内部の身分・家禄が対応していたために，容易ではありませんでした。

③威を張る

　泰平の時代において，上下の秩序を人々に確認させたものとして，格式の差別とともに，威張るという行為があったと考えられます。大名などの貴人は，下級の者から容易に顔も拝めないような慣習があり，外出のさいは大勢の供を従えました。例えば，幕末の水戸藩主が江戸の町を通ったときの様子は次のようなものだったといいます。

※6　水戸藩では，100石以下の平士は内職を許されていました。さらに低い身分の者は，田畑を作り，内職も行う半農半工の暮らしだったようです。山川菊栄『武家の女性』（岩波書店，1983年），22頁。

※7　先ほどの山口藩の例でいえば，一門・永代家老は将帥，寄組の士は大頭となり，大組の士は組頭として先手足軽の弓隊・銃隊を指揮し，藩主の親兵である手廻組は配下に6組の手廻足軽組を率いることになっていました。

藩主の登城には先お供、あとお供すべてを合せて約一〇〇人くらいの行列で行き、うろこばんてんを着た「押さえの者（捕吏）」が長い青竹をもって遥か先に立ち、「下いろう」の声と共に路上の通行人、沿道の家々に警戒の目をくばる。うずくまって土下座している通行人の頭が高いといっては青竹の先でつつき、二階をあけたままの家があれば叱ってしめさせる。二階からのぞいている不心得者があれば土足でかけあがって、「無礼者」といいざま、青竹でたたきつけて引きたてる。斬りすててもさしつかえなかった。（略）※8

　しかし、こうした威を張る行為は、上位にある者が自ら尊大にかまえ、かつ力を誇張して見せるという虚飾に類する行為であり、平和な時代が去って実力を重視する時代が訪れたときには、意味を失っていくことになります。幕末、ペリー来航に象徴される対外危機が日本に訪れ、武力の増強が求められて政治も厳しさを増していくと、実力が重視されるようになり、それまでの形式や習慣は旧弊として否定されるようになっていきました。徳川幕府が倒れた1868（明治元）年には、朝廷からの布告で、宮家や大臣であっても通行のさいに声を上げて人を制する行為が禁止されます。大名やその親族の外出にさいしても、供廻りの人数を減らし、行列が人々の暮らしを妨げる行為も次第になくなっていきました。

④門閥制度

　明治維新で旧弊として否定されたもののなかで、特に問題とされたのが家柄によって高い地位を世襲する制度（門閥制度）でした。能力のある人材を重要

な役職に登用するべきだという考え方がひろまるなか，それを妨げるものとして門閥制度が批判の対象となったのです。もし中国の科挙制度[※9]のように，高貴な地位が世襲ではなく試験など実力によって得られる仕組みが存在したならば，危機の時代に対処するために人材登用の枠を拡大することが，武家の階級秩序を破壊してしまうことにはならなかったでしょう。

　また幕末維新期に戦争が行われたことは，武家の階級秩序を崩す大きな要因となりました。戊辰戦争では本来の将帥である藩主が自ら出兵することはほとんどなく，戦闘の中心となったのは下級の者たちでした。鹿児島藩では戦争から凱旋した軍の隊長らが人材登用と門閥打破を要求して藩の重役たちを突き上げ，重臣層の私領を廃止して，そこに鹿児島から地頭を派遣する改革を行っています。幕末以来の政治動乱と戦争は，藩に対する藩士たちの貢献度を明瞭にしましたので，それまでの階級秩序を大きく壊していくような改革をも可能にしたのです。

（2）士族・卒という新しい身分

●

　明治政府は版籍奉還の断行とときを同じくして，支配身分の再編を開始しました。まず公卿[※10]と諸侯（大名）の名称を廃して，華族という貴族身分をつくりました。諸藩に対しては一門より普通の侍に至るまでを士族とするよう指

※8　山川菊栄『幕末の水戸藩』（岩波書店，1991年），219頁。
※9　試験による官吏の登用制度で，中国では隋の時代から清の終わる20世紀初頭まで行われました。
※10　厳密には公卿は上層の三位以上の公家をいいますが，四位・五位も含めて華族となっています。

示し^{※11}，その下に卒を置いて^{※12}，平民と区別しました。

　これがいかに画期的な変革であったかは，大名家臣団における階級の存在を考えればうなずけるでしょう。細かく分かれていた諸階級を士族と卒の2階級にすることは，これまで格式による差別を行ってきた藩士たちに容易に受け容れられることではありませんでした。そのため，当初，多くの藩では士族のなかにさらに等級を設けることで対応していきました。例えば高知藩では士族を5等，卒を3等に分けています。

　しかし，政府は1869（明治2）年12月，旧幕臣を士族と卒の2等級に整理しました。したがって諸藩が等級を分かつことは認められず，1870年9月に制定された「藩制」には，士族と卒の2等級以外は認めない方針が書き込まれることになります。この「藩制」は，諸藩の代表者が集まる集議院において審議されました。政府原案に対して高知藩の板垣退助は，藩主一門より足軽まで等級なしということになったらとても人心が折り合うめどが立たないと危惧し，各藩の裁量で3等くらいに分けたいと伺いを立てましたが，却下されています。

　ただし重要なことは，政府だけでなく藩の側でも，現実に階級を一つにすることは困難であるとしながらも，士族のなかにさらに等級をつけることは望ましくないと理解していたことです。それは，国家を強くするためには門閥制度を廃して人材登用を図らねばならないと彼らが考えていたからです。このように，明治維新では武家の内部にあった階級の壁を破壊することが，意識的に行われたのです。

（3）階級秩序はどのように崩れていったか

●

　武家内部の階級破壊は，士族の創出とともに，禄制改革で加速されました。版籍奉還後，知藩事の家禄は石高の10分の1とされ，藩士たちの家禄についても適宜改革するよう政府から指示が出されたことを受けて，諸藩では禄制改革を実施します。既に戊辰戦争を経て諸藩では多大な財政支出を余儀なくされていましたので，積もった借金が収入を上回る藩も少なくなく，財政の立て直しは避けて通れませんでした。しかし，そのためには家臣団の家禄を削らざるを得ません。各藩は困難なかじ取りを迫られました。

　表3は，名古屋藩（現在の愛知県）が1869（明治2）年11月に行った禄制改革の内容です。改正により石高が実際に渡される俵数の表示に変えられていますが，ここでは仮に1石＝1俵として見てください[13]。この改革では3000石以上の上級士族は10分の1に削減され，1000石の士族の場合は5分の1，100石の者は2分の1と，高禄を食む上級の士族ほど大きく減らされたことがわかりま

※11　諸藩以外では旧幕臣のうち諸藩士と同格の旗本・御家人や，朝廷の非蔵人，神官や寺院の家士なども士族に入れられています。

※12　卒については1869年12月から法令に登場します。1872年に世襲の者は士族に編入し，新規や一代限りの者は平民に組み込むことで卒の身分はなくなりました。

※13　改正前の石高は満額受け取れるわけではなく，税率をかける必要があります。税率には地域差があり，例えば4割の税率（四公六民）をかけている領地なら，100石取りの武士には40石の収入となり，残りの60石は農民の収入になります。俵もいろいろあり，1俵に4斗を詰める地域もあれば，3斗5升で1俵をつくる地域もあります。ここでは仮に3割5分の税率で計算しました。1000石の家禄の場合，改正以前は350石の税収となり，3斗5升入りの俵で換算すると1000俵の収入になります。なお，1石＝10斗＝100升です。

す。改革以前であれば1000石取の武士と100石取の武士との収入の差は900俵でしたが，改革によって150俵の差に縮んでいます。名古屋藩の改革は政府の基準に近いもので，藩によって改革の内容には大きな差がありましたが，一般に禄制改革は士族内の階級格差を縮小する効果をもたらしたといえます[14]。

　このような家禄の削減を実施できた背景として，江戸時代の武家の知行地が土地所有とは異なるものだったということが考えられます。ヨーロッパの貴族とは異なり，一般的に日本の武士たちの知行地に対する土地所有権は強いものではありませんでした。屋敷地[15]は別として，農地などは農民や商人などが実質的に所有しており，しかも時代が下るにつれて大半の武士が知行地を自ら経

改正前の家禄	改正後の禄高	改正前の家禄	改正後の禄高	改正前の家禄	改正後の禄高
10331石余	1033俵	1200石	218俵	265石	78俵
10000石	1000俵	1100石	209俵	250石	75俵
5700石2斗3升	570俵	1000石	200俵	225石	71俵
4400石2斗3升	440俵	900石	183俵	200石	66俵
4000石	400俵	800石	166俵	175石	62俵
3063石5斗3升3合	306俵	700石	150俵	150石	58俵
3000石	300俵	600石	133俵	140石	57俵
2500石	295俵	550石	125俵	125石	54俵
1800石	272俵	500石	116俵	120石	54俵
1750石	268俵	450石	108俵	113石	53俵
1600石	254俵	400石	100俵	110石	52俵
1500石	245俵	350石	92俵	100石	50俵
1404石4斗余	237俵	300石	83俵	100石未満50石以上	50俵
1400石	236俵	277石	80俵		
1300石	227俵	275石	79俵		
1260石	224俵	270石	78俵		

『秩禄処分顛末略』（大蔵省理財局，1926年）128〜130頁より作成。
世禄3000石以上の者はすべて10分の1に減らし，それ以下は295俵を最上の禄として下に行くほど削減割合を減じている。

表3　名古屋藩の禄制改革（1869年11月）

営することはなくなっていきました。第1章で述べたように、版籍奉還によって知行地を持っていた上級武士も土地を取り上げられ、藩の蔵から家禄を支給されるかたちに変化します。もし武士の土地に対する所有権が強かったならば、知行地を取り上げたり、家禄を削減したりすることはきわめて困難だったことでしょう。

　とはいえ、少ない家禄でギリギリの生活をしている武士も多いなか、さらに家禄を削ることは容易ではありません。そこで諸藩では士族に農業や商工業に従事することを許可するようになりました[16]。唐津藩（現在の佐賀県）では、「農工商の賤しい仕事であっても正しい道に従ってやっていれば士道において何も支障はない」と知事より藩士たちに伝えています。身分と職業の厳しい制限が、公然と崩れていったのです。なかには藩を挙げて帰農[17]した美濃（現在の岐阜県）の苗木藩や、農地を強制買収して藩士に分け与えた弘前藩（現在の青森県）のような極端な例もあります。

　このように武士の身分的規制が崩れていくなかで、これまで武士の仕事だった政治・軍事の職を、武士以外の身分にも開放していこうという政策が登場します。その主唱者となったのが、高知藩でした。高知藩の板垣退助は、はじめは

[14] もっとも、財政が困窮した藩では藩士の収入から藩が借り上げを行うなど、必ずしも税率通りの支給が実施されていたわけではありません。例えば、半知といって家禄を半分にすることがあります。100石の知行で税率が4割であれば、本来40石が家禄となるはずですが、半知の年は20石しか支給されません。

[15] 武家の屋敷地は、家屋や庭などのほか、田畠や林、家来の住居などを含み、私有権の強い土地でした。

[16] 前述したように、それ以前においても下級の者たちは内職をしていました。富山藩や水戸藩のように、藩が下級家臣やその子弟の内職・商売を認めている場合もありました。

[17] 武士が農民になることを帰農、商人になることを帰商といいます。

藩士のうちに階級を立てようとしましたが，朝廷より許可されなかったことで，困り果てた結果，逆に「人民平均」という理念を掲げて階級を一気に破壊する挙に出ました。「人民平均」とは，人間は階級に関係なく尊い存在であり，各自が知識技能を磨いて発揮できるように自由を得させるべきだという考えです。この思想のもと，高知藩では官員・兵隊を平民からも選抜し，士族であっても農工商の職業に就くことを許可しました。人間の存在を平等と見，職業の自由をうたう考えは，やがて文明開化の流行とともに盛んに唱えられるようになりますが，文明開化の論理を用いた身分制の破壊が，武家内部の階級再編のなかから始まったのです。

　身分制の破壊は，次いで武士と庶民の中間にあった身分の人々にも及びます。武家の諸階級が士族と卒に整理されたことは，領主からさまざまな格をもらっていた人々にも影響を与えました。江戸時代後期には，もともと大名家の家臣というわけではない農民や商人でも，藩に対して功労を重ねたり，献金を行ったりすることを通じて，帯刀や苗字などの格を得たり，侍に相当する身分を得たりする者が増えていきました。それらの格にも細かな段階が設定されていたのですが，藩士に階級を立てない以上，そうした諸階級も整理されねばなりません。藩政改革のなかで彼らは士族・卒・平民に振り分けられていきました。

　そして諸階級が整理されることで，格式に対応した差別や儀礼も改められていくことになります。無礼打ちが政府より禁止され，平民にも苗字が許可されただけでなく，身分標識であった衣服の制限もなくなっていきました。挨拶の仕方も変化し，例えば熊本藩では卒から士族へ挨拶をするにも下駄を脱いだり傘をたたんだりしなくてもよくなりました。このように日常的な身分格式の確認がなされなくなっていくなかで，間もなく「四民平等」を掲げる時代が到来

することになります。

　さて，既にいく度か触れている1870年9月の「藩制」は，藩に対する政府の統制をさらに強めるものでした[18]。この「藩制」では，藩財政の出入に枠がはめられましたので[19]，各藩ではさらなる改革を迫られ，2度目の禄制改革を行う藩もありました。

　改革では多くの仕事が廃止されたこともあり，役職に就かない士族（非役）が多人数生み出されました。当然ながら藩士らの動揺には大きいものがあったようです。当時の武士たちの記録からは，改革によるリストラの規模の大きさと，藩士たちの嘆きが読み取れます。津藩（現在の三重県）では，家禄を大幅に削減するとともに同心以下の下級身分に暇を出したところ，騒動に発展して，切腹や禁固刑などの処罰者を出すに至っています。

　伊予の松山藩では，藩士の大半を非役にして郷村への移住を勧めるとともに，卒には暇を出して帰農・帰商させるという，厳しい改革を行いました[20]。さらに，それまでの家禄・等級をすべて廃止して，各戸に均等に，かつ家族数に応じた扶持を与えることにしました。当時松山藩の重役だった内藤素行（1847〜1926）は，後年次のように回顧しています。

---

[18]「藩制」を審議した集議院では有力藩からの反発もあり，修正が加えられましたが，大筋は政府の原案に沿って策定されました。

[19] 支出では藩高のうち10％を知事家禄に，4.5％を陸軍費に，4.5％を海軍費に，81％を藩庁経費および家禄に充て，海軍費は国に献納することが求められました。藩が抱える借金については返済のめどを立て，知事・藩士の家禄や藩庁の経費から返さねばならなくなりました。

[20] この1870年閏10月の改革では，卒2428人が廃止されましたが，不満が強く，廃藩置県後の1872年1月に世襲の卒のみ士族に編入されました。

旧士族は一家に付二十俵と，家族一人に付一人半扶持を与え，新士族は一家に付十俵家族一人に付一人扶持を与えた。従って三千石の家老も，九石三人扶持という最下等の士も，士分は同じ収入となったのであるから，随分一同を驚ろかせた。尤もその際一時に一箇年分の家禄は等差に応じて特別に渡したのである。それから（略）十五人組以下の無格，持筒，足軽，仲間の四段の卒は凡て暇を出した。そうして，その需用に応じて，新たに使用する者をやはり卒と称し，軍隊にもまた通常の事務にも従事せしめた。なおこの卒を廃する際にも若干の一時手当を交付したのである。けれども俄かにかく解放せられたので，この卒団のものは，非常に憤怨して陰では散々当局者を罵っていたが，まさか反抗するほどの勇気もなかった。憤怨といえば，士族以上も門閥を失い家禄を奪われたのであるから，随分不平を唱えていたことは勿論である。要するに当時の藩庁はかような空気の中に孤立していたのであったが，大参事の鈴木重遠氏を始めが胆気もあって改革に熱心であったために，何ら顧慮する所なく諸事を断行した。（略）[21]

　改革を行った藩政府が恨みを買いながらも，大胆な改革を進めたことがうかがえます。「胆気」という言葉が見えるように，このような困難な改革を断行するにはよほどの胆力が必要だったはずです。仮に皆さんがこのときの藩庁の責任者だったとして，刀を腰に差した人々を相手に，家禄を減らしたりクビにしたりすることができますか？　勇気を重んじる武士たちが改革を主導したことが，あるいは明治維新を大きな変革とさせた一要因だったのかもしれません。

※21　内藤鳴雪『鳴雪自叙伝』（岩波書店，2002年，原著1922年），234〜235頁。

3. 武家の支配はどのようにして終わったか

（1）東北諸藩と旧幕臣たちの苦難

●

　藩体制は戊辰戦争後，わずか数年の間に終焉を迎えますが，1871（明治4）年7月に廃藩置県が行われるよりも前に，武家の支配は目に見えるかたちで崩落が進んでいきました。そのはじまりは，1868年の戊辰戦争で朝敵とされた諸藩の処罰と，徳川幕府の解体でした。少し時間を戻して，この話をしておきましょう。

　戊辰戦争で最後まで戦った会津藩（現在の福島県）松平家は，23万石の所領を没収され，藩士たちは捕虜となって，東京や上越高田など数か所に収容されました。会津落城の約1年後，松平家は現在の青森県下北半島を中心に3万石を

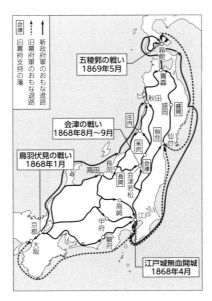

図7　戊辰戦争要図

与えられ，家名を再興します。しかし，削減された石高で約4000戸の藩士を養うことは不可能でした。藩士たちは，会津に帰る者210戸，帰農・帰商する者500戸，東京その他に分散する者300戸，北海道開拓に行く者200戸，新領地に赴く者2800戸と，それぞれに分かれることになりました。しかも，新たに与えられた下北の大地は火山灰土のやせ地で，藩士たちは，冬は氷点下になる原野に簡易な小屋を建てて開墾に従事しなければなりませんでした。その生活の悲惨だったことは，流刑（るけい）に等しいものがあったといいます。

　会津藩士の息子だった柴五郎（しばごろう）（1859～1945）の回想によれば，下北半島では着のみ着のまま，耕すに鍬（くわ）もなく，寝るに布団もないため，柴家では米俵（こめだわら）にもぐって寝ていたようです。冬季は陸奥湾（むつわん）から吹きつける寒風が屋内を吹き抜け，氷点下の寒さとなりました。食事は玄米を臼（うす）でひいたものに大豆や馬鈴薯（ばれいしょ）を加えた薄い粥（かゆ）を食べましたが，石のごとく凍るため融（と）かしてすすったといいます。しばしば食糧は欠乏し，海岸に流れ着いた昆布やワカメを干して小さく砕いたものを粥に炊き，あるいは蕨（わらび）の根から澱粉（でんぷん）を取って米糠（こめぬか）とまぜて団子にし，飢えをしのぐありさまでした。この苦境から藩士たちが解放されるのは，廃藩置県によって藩がなくなり，移住の自由が認められてからになります。

　東北諸藩はその領地が戦場となったばかりか，戊辰戦争後に処罰を受けたため，他の諸藩に比べて困難な状況に置かれました。政府は浪人（ろうにん）が多く出ることを懸念して，彼らがかつかつに食べていかれる範囲で石高の削減や転封（てんぽう）を命じましたので，その藩士たちが陥った境遇には厳しいものがありました。

　盛岡藩（もりおか）（現在の岩手県）南部家（なんぶ）は，20万石から13万石に削減のうえ，現在の宮城県白石（しろいし）へと転封を命じられました。転封にさいしては，すべての家臣を養うことができませんので，徒士や与力など下級の者を解雇しています。白石へ

の移住では，運べない家財道具は売却しなければならず，城下町盛岡の屋敷地はさながら古道具市の様相を呈したといいます。ところが，約200kmの距離を徒歩で移動した先では住居が足らず，一つの屋敷に数家族が同居するというありさまでした。苦しさから盛岡への復帰を願い出た南部家に対し，政府は70万両の献金を条件にこれを認めますが，今度は白石から盛岡へ戻る旅費をつくろうにも，藩士たちにはろくに売れる道具もありませんでした。しかも70万両という巨額を調達できるはずもなく，盛岡藩は政府の指導によって，転封から約1年後の1870年5月に廃藩を願い出るに至るのです。

　戊辰戦争で朝敵とされた諸藩がこのように武家としての体面も保ちがたい状況に追い込まれていく一方で，官軍へ恭順する態度を取った旧幕臣たちもまた，苦難の道を歩んでいきました。1868年4月の江戸城開城後，前将軍の徳川慶喜は水戸に謹慎となり，徳川宗家は田安亀之助（たやすかめのすけ）が相続のうえ，静岡藩70万石に移されました。旧幕臣の処遇は，早期に朝廷へ帰順して本領安堵された上級の幕臣と，脱走して戦争に参加した者を別とすれば，①朝臣になる者，②帰農・帰商する者，③静岡藩士，の3通りに分かれます。徳川家の駿河（するが）（現在の静岡県）への移転が定まった後，旧幕臣に対し①〜③の選択肢が示されました。70万石ではとうてい膨大な家臣を養えなかったためです。

　朝臣となった者は約5000人と見られ，1000石以上の旗本に多い傾向がありました。しかし江戸での肩身は狭く，魚屋や八百屋（やおや）でもその屋敷には物を売らぬというような悪感情を世間から向けられたといいます。政府からの扶助米も8月には削減され，翌1869年12月の禄制改革でさらに削減を受けました。また，約5000人と見積もられる帰農・帰商者は，江戸で商売を行う者がほとんどで，「士族の商法」という言葉で揶揄（やゆ）されるような失敗談を多く生んだことが知ら

れています。

　静岡藩では当初，約5300人の藩士を抱えましたが，朝臣になるのを嫌って無

禄でも主家についていくという者が多く，約1万3700人の藩士が移住していま

図8　士族の商法　菓子屋を開いた士族の店主に対し，客が腰を低くしている。「肥後の城ごめにて製す熊鹿戦べい」「不平おこし」など，西南戦争を風刺した品書きが並ぶ。

元高		1868年禄制	1869年禄制	
草高	この現米高	扶持高	扶持高	この現米高
1万石〜3000石	3500石〜1050石	5人扶持	10人扶持	18.0石
〜1000石	〜350石	4人扶持	8人扶持	14.4石
〜500石	〜175石	3人扶持	7人扶持	12.6石
〜100石	〜35石	2人半扶持	6人扶持	10.8石
〜20俵	〜7石	2人扶持	5人扶持	9.0石
20俵以下	7石以下	1人半扶持	4人扶持	7.2石
復籍者（元脱走人）		1人扶持	3人扶持	5.4石

千田稔『維新政権の秩禄処分』（開明書院，1979年），233頁第8表，および原口清『明治前期地方政治史研究』上（塙書房，1972年），210頁表をもとに作成。

表4　静岡藩の1869年11月の禄制改革

す。静岡藩では当初から極度に財政が困窮していましたので, 無禄移住の藩士は土着して農業・商業に就かねばならず, 家禄をもらえる藩士も最低限の俸禄を食むにすぎませんでした。その後, 諸大名から寄付を受け, 政府からも借り入れを行うことで, 1869年には表4のように扶持を倍増させますが, 前章で見た名古屋藩と比べても, その生活の厳しさが想像できるでしょう。藩の拘束がなくなった廃藩置県以後は静岡を離れる者も多く, 1883年の調査では, 士族の戸数は半分以下に減っています。

しかし, 旧幕府の優秀な人材を多く抱えていた静岡藩では, 厳しい環境であるにもかかわらず, 時代を前に進める動きがありました。藩では府中(現在の静岡市)の学問所と沼津の兵学校を教育の中核とし, 各地に小学校を置いて, 身分にかかわらず人々に学ぶ機会を与えたのです。静岡藩からは多くのすぐれた人材が輩出し, 日本の近代化を支えていくことになります。

さて, 旧幕臣のなかでも高家・交代寄合・寄合[※1]などの上級の幕臣のなかには, 戊辰戦争の初期の段階で早期に新政府への帰順を誓い, 本領安堵を得る者が多数いました。彼ら上級の幕臣は知行地の行政権を持つ小さな領主でしたが, 藩が廃藩置県で廃止されるよりも前に, 支配身分としての地位を去ることになります。ここでは, 現在の長野県飯田市に知行地を持っていた近藤利三郎(1846〜1881)を例に, 具体的にその経緯を見ていきましょう。

近藤利三郎は江戸に住む5000石の寄合席の旗本であり, 将軍家の馬術師範の家柄でした。1868年1月の鳥羽伏見の戦争後, 徳川慶喜が江戸へ帰って恭順の

※1　高家とは勅使の接待や儀礼等を掌るために徳川家が取り立てた名族の子孫で, 家格は大名家に次ぎました。交代寄合とは1万石未満でありながら大名並みの待遇を受けて参勤交代もする旗本です。寄合は3000石以上の大身の旗本をいいます。

態度を取るなか，徳川家では旗本に対し，知行地に赴き朝廷の命令を固く守る
よう指示しました。官軍の先鋒部隊が信濃国に入り，その地にある徳川直轄領・
旗本領を朝廷領に編入すると宣言したことが江戸に伝わると，利三郎はわずか
の家来を連れて江戸を出立し，知行地の陣屋がある山本村（図4参照）に戻り
ました。そしてただちに東山道の官軍総督本陣へ帰順を表明し，京都にのぼっ
て勤王の願書を提出したのです。5月，政府は帰順した旧幕臣の本領を安堵し，
高家・交代寄合を中大夫，1000石以上を下大夫，以下を上士と改称しました。
近藤利三郎は下大夫となりました。

　本領安堵といっても，旧徳川直轄領・旗本領については府県が置かれたので，
知行地の行政権は取り上げられることになります。8月に伊那県が設置され，信
濃国の旗本領では1869年5月頃までに行政権を伊那県に引き継ぎました。こう
なると，既に幕府の役から離れ，知行地の行政権も失った旧旗本は，何もせずに
高禄を食んでいる姿になってしまいます。利三郎は帰順した当初から数度にわ
たって高額な軍資金を献納し，また知行所から農兵を取り立てて周辺地域の治
安維持に当たり，その後も自ら願い出て武家としての役を務めようとしました。
しかし，政府が旧幕臣に高禄を与え続けることはありませんでした。

　1869年12月，政府は中大夫以下の称号を廃止して士族と卒の2等級とし，朝
臣化した旧幕臣の禄制を改めます。この改革で知行地は取り上げられて蔵米か
らの支給となり，近藤家は表高5000石から現石高150石※2に削減されて，士族
となりました。この収入では，これまでの家臣団を養うことができません。近藤
家では新規に抱えた足軽に暇を出して帰農させる一方，政府からの扶助を求め
て奔走しますが，1870年7月1日，ついに近藤利三郎は家来一同を集めて解雇
を申し渡すことになりました。このときの近藤家には部屋住みも含めて約70人

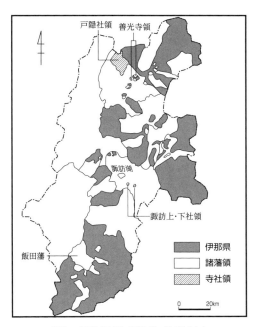

図9　伊那県域と諸藩領（1869年）

の家臣がいましたが，2人のみを残して暇を出しています。政府からは，3代以上仕えてきた家来には扶助が出されることになりましたので，一時金として，家臣の格により95両から20両まで差をつけて分配しました。近藤家は江戸詰めの旗本家でしたので，東京に帰商する家臣も少なからずおり，近親に農家を持つ者は帰農しています※3。翌1871年9月，近藤利三郎は，御維新の時節に何も

※2　表高は格式につながる公称の石高で，実際の生産量とはずれがありました。現石は税がかかる高です。新しい禄制では税率が2割5分とされましたので，現石150石の場合は37石5斗の税収ということになります。近藤家の場合，禄制改革前は約2680石の税収があった模様です。

※3　近藤家の家臣団は約3分の2が農民出身でした。また，譜代の家来でも農村に親戚がいる者が少なからずいました。例えば家老の平山昇は，近藤家解散ののち，義弟の嶋田徳太郎とともに，母方の実家である武州足立郡佐知川村（現在の埼玉県さいたま市）の農家に身を寄せています。

せず食べて過ごしているのは慙愧にたえないという理由で，山本村へ帰農しました。これは県から家禄を奉還して帰農するよう指導を受けたためと見られます。その後，利三郎は山本村にある神社の神主となっています。

　旗本家の解体は，このように廃藩置県に先だって行われました。そして領域が細分化されていた当時，旧旗本知行地の多い地域では，諸藩の目と鼻の先で，このような武家の解体が起こっていたのです。近藤家の陣屋から15kmほどの距離にある旗本知久家の阿島陣屋では，1870年2月に道具類の競売が行われました。飯田藩領であった天竜川対岸の村々からも数日にわたって村民が見物に押し寄せ，槍や甲冑，女中駕籠などを競り落としています。明治の藩政改革は，このような武家社会の崩落現象を横目に見ながら進められたのです。

（2）藩はどこへ向かおうとしていたのか

●

　旧幕臣が早期に解体されていったのに対して，版籍奉還によって知藩事に任命された諸大名は，実質的に領主の地位を維持しました。中央政府の直轄する府県と藩との三治制となったことで，諸藩は当面の制度的な保障を得られたのです。そのもとで，諸藩では厳しい財政難と闘いながら，中央政府の政策に応えるべく，改革を進めました。武家社会が大きく変化しつつあるなか，彼らはどこへ向かおうとしていたのでしょうか。

　信濃国の飯田藩を例に見てみましょう。飯田藩は1万7000石の小さな藩ですが，藩政改革では藩校を新たに設立しました。当時の飯田藩では財政難から，新たに藩校を興すことは容易でなかったはずです。なぜ藩校を設立したのでしょ

うか。改革にさいして飯田藩知事は，中央政府が進める維新の改革を実施して
いくに当たり，文武の道を政務に施行していくこと，そのための拠点として藩
校を創立することを，藩士たちに伝えています。実際，飯田藩の改革では禄制・
軍事編制を改めるとともに，藩士全員の学校出席や文武の訓練を日割りで定め
ています。家中を挙げて文武に励み，それを藩政に反映させていくことが，彼ら
のなすべきことだと意識されていたわけです。

　武家支配の崩落現象が起こっていたこの時期，藩政改革を重ねることで，武
士たちは自らを統治者として望ましい姿に変えていこうとしていたように見え
ます。例えば，この時期しばしば使われた言葉に「藩屏^{はんぺい}」という語があります。「藩
屏」とは垣根や塀のことで，王室の守護として地方を鎮^{しず}める諸侯を意味します。
この時期に藩として位置づけられた大名家は，第1章で見たように，その性格を
変化させていきますが，それはたんに中央集権化に対応したというだけでなく，
府県とは違う「藩屏」としての存在，つまり軍事力を保持して天皇を護る存在
であろうとするものでした。

　しかし，武家として文武の道に励み，皇室の藩屏たろうとしても，実際の藩政
は困難をきわめます。なかでも大きな問題は，財政です。戊辰戦争後[4]，膨大な
借財を抱えた諸藩[5]が，政府からの統制が強まるなかで藩を存続させていくこ
とは困難でした。廃藩置県より以前に廃藩を行った藩は26藩あり，なかには盛

※4　戊辰戦争の戦費は巨額にのぼり，藩財政を苦しめました。例えば熊本藩の場合，兵器購入を除
　　いた行軍・滞陣の費用だけでも藩の年間税収の5割余になったと見られています。下山三郎『近
　　代天皇制研究序説』（岩波書店，1976年），233頁。
※5　1870年頃の諸藩の債務について，大藩（15万石以上）・中藩（5万石以上）39藩のうち，内外
　　債の合計が現収高を超えている藩は31藩，藩札発行高が現収高を超えている藩は13藩であり，
　　藩札も含む広義の借金は諸藩の収入の3倍以上であったと試算されています。同上283頁。

岡藩や長岡藩（現在の新潟県）のような，戊辰戦争で官軍と戦い，厳しい処罰にあった藩や，狭山藩（現在の大阪府）・大溝藩（現在の滋賀県）・鞠山藩（現在の福井県）などのように，財政破綻により廃藩を選んだ小さな藩もありました※6。しかし，ほとんどの藩は多額の負債を抱えながらも廃藩置県まで存続しています。そのため，藩をたたむまでにはいかないものの，大名としての体面を保ち得ない藩も出てきたのです。その象徴といえるのが城郭の取り崩しでした。

　江戸時代において大名の権威の象徴であった城は，地震や台風などで破損する度に修繕が必要で，財政難のなかでこれらを維持していくことは容易ではありませんでした。そのため，壊れた櫓などを修築できないまま放置していた藩も少なくなかったのです。版籍奉還後，各藩が藩政改革を進めるなかで，城の櫓や門・塀などを撤去する願書が次々と政府へ出されるようになりました。それらは財政的理由が主でしたが，それに加えて，戦国時代の戦闘方法に対応した城郭が既に時代遅れとなっていたことも理由として挙げられます。ここに掲げた写真（図10）は，取り崩される小田原城天守閣の写真です。小田原藩（現在

図10　解体される小田原城天守閣

の神奈川県）では，1870（明治3）年秋に数度の暴風雨を受けて天守閣が大破しましたが，修復するだけの力がなく，かつ無用の長物なので廃棄したいと政府に願い出て，城を破却しました。

　他方で，中央集権化が進められるなか，城郭を廃棄することが諸大名の割拠を否定し，時流にかなうものと考えられた面もありました。熊本藩は1870年9月，熊本城の廃棄を政府に建白し，戦国時代の遺物である城郭を残しておくことは，全国を一つのものと見る政治の妨げになると主張しました[7]。城を壊すことで，人々の意識を一変させることを意図したのです[8]。熊本藩では期間限定で庶民に熊本城を開放し，天守閣に登らせています。当時，熊本藩では政府の意向を先取りするように積極的な改革を進めていました。諸藩が領主としての姿を改めていったのは，財政的な理由ばかりではなかったといえます。

　ただし，財政難が藩の運営を苦しめ，領主権威を崩していったことは間違いありません。特に藩財政を厳しくしたのは中央政府からの統制です[9]。先ほど

[6]　廃藩した藩の半数近くは支藩が本藩に合併されたもので，本藩の財政を強化する目的があったと見られています。藤野保『幕藩制国家と明治維新』（清文堂出版，2009年），549〜551・567頁。

[7]　ただし熊本城の廃棄はこのとき暫く見送られ，1877年の西南戦争で火災にかかるまで天守閣は残りました。

[8]　全国の城は廃藩置県後の1873年，陸軍省により存城（残す城）と廃城とに分けられました。その後，自然災害や戦災を経て，現在も残る天守閣は12基です。明治維新のさいは封建の象徴と見られた城郭でしたが，昭和期には観光資源ともなり，全国の城跡で天守閣などの再建が行われました。

[9]　本文で述べる，藩札への統制，藩債償還のほかにも，諸藩が行ってきた外国との貿易を制限することなども行われました。1869年，政府は諸藩が相対で外国から借金をすることを禁じます。また，諸藩や府県が外国人から商品を購入するには通商司の免許状を必要とするとし，開港場に商会所を設けて取引することや，諸藩が雇った外国船が開港場以外の港に入ることも禁止しました。松尾正人『廃藩置県の研究』（吉川弘文館，2001年），137頁。

の飯田藩では，1869年7月，極度の物価騰貴と贋金の流入による貨幣の不信用から，二分金騒動と呼ばれる農民一揆が起こりました。同様の騒動は信濃各地で発生し，信濃の諸藩県ではこれに対応するため，信濃国で通用する紙幣を発行して，藩から村々へ貸し下げ，それらを担保に村々で紙幣を発行させたり，贋金を回収したりすることで，貨幣の信用を回復させました。ところが，この年の12月，中央政府は諸藩や府県が独自に貨幣を発行することを禁止します※10。信濃の藩県からの歎願は聴き入れられず，政府の指導に従わなければ藩の存続にもかかわると感じた飯田藩ではやむなく，1870年7月，先に発行した紙幣の年内限りの通用停止を布告しました。紙幣は他のお金と交換しなければなりませんので，飯田藩ではその財源をつくるため，飯田城の本丸御殿をはじめ伝来の武器・道具類，城中や郭の樹木まで払い下げることにしました。その折のことを，飯田藩内で村役人をしていた北原市三郎が後年，次のように回顧しています。

　　目前に世のうつりかわりのはげしさを見せつけられた第一は，伝馬町と桜町の境にあった有名な桝形に亭々と天を摩するように立っていた四十八本の杉の大木が，一本のこらず伐りたおされたことである。明治三年九月のことで，中には樹齢三百年余をかぞえる巨木もあり，堀家の全盛をものがたっているようでもあったが，あとかたもなくなった。四十八本あったから桝形の『いろは杉』と称したが，伐倒人夫のひとり，扇町のなにがしは数丈の高い梢から足踏みすべらせズンデンドウところげ落ち即死したという出来事もあり，樹木の精の祟だなぞと取り沙汰された。お城山の立木のこらず入札公買に付したのが九月二十三日で，由緒をほこるお城山の木々も端から伐られて丸坊主になった。※11

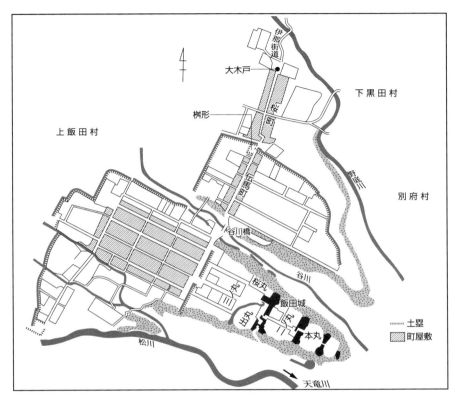

図11 飯田城下町図

　図11に見るように，伝馬町の桝形は飯田城下町の入口で，そこにそびえる大きな杉並木は領主の権威を示すものでした。その伐採は，飯田城の樹木や御殿・

※10　このときの布告では，旧幕府より許可を得て発行してきた藩札は今後増刷を禁じ，かつ御一新後に府藩県で製造した紙幣は今後通用停止とするというものでした。これにより，藩札発行によって財政運営を行ってきた諸藩は大きな制約を受けることになりました。

※11　小林孤燈「殿様との別れ」（飯田文化財の会編『郷土の百年』第二集，南信州新聞社，1969年），205頁。後年の北原の手記を小林が改筆した文章です。当時の記録では，桝形の立木の入札は9月4〜8日に行われています。

道具類の売却とともに，武家の時代の終わりが近いことを人々に感じさせたことでしょう。

　さらに追い打ちをかけたのが，9月に制定された「藩制」です。「藩制」では，藩の収入の9％を陸海軍費とし，そのうち半分を海軍費として政府に上納することが定められました（41頁※19）。これに加えて，藩の借金を家禄や藩庁費から返済する計画，および藩札の償却の計画を立てねばなりませんでした。このため飯田藩でも2度目の禄制改革と大幅な人員整理を余儀なくされています。このように，中央政府の統制は，特に財政難の小さな藩に，非常に厳しい状況をもたらしたといえます。

（3）廃藩置県はどのようにして起こったか

●

　廃藩置県は，版籍奉還からわずか2年後の1871（明治4）年7月14日に行われました。明治政府は版籍奉還によって郡県制に改めた後も府藩県の三治制度を採用し，藩の存続を前提としていたわけですが，なぜこのように速やかに藩を廃止するに至ったのでしょうか。

　そもそも明治政府は，国家の独立を維持して西洋列強と肩を並べる「万国対峙（たいじ）」を目標に掲げていました。しかし，全国が300近い領域に細分されている限り，国家の力は分散され，政治意思も不統一な状態にあります。これでは西洋列強に対抗することは困難です。また，政治意思を持ち，軍事上・財政上の権力も握る諸藩の存在は，内政の不安定要因でした[12]。政府は諸藩の向背（こうはい）を常に懸念しながら政治のかじ取りをせねばならず，建武（けんむ）の新政の故事のごとく，政府

が瓦解して内乱に陥るかもしれないという危機感は，政府高官たちの胸中に去来していたと思われます。

　政策のうえで中央集権をより完全なものにする必要を痛感していたのは，ことに財政や軍事の担い手たちです。大蔵省の実質的な責任者だった大隈重信（1838～1922）にいわせると，政府は全国の石高約3000万石のうち，約800万石の直轄地によって財政を賄うにすぎませんでした。租税の制度も旧領ごとに千差万別で，農民一揆の原因にもなっていましたので，早急に統一する必要がありました。また，軍事面では，政府の直属軍はいまだ小さく，諸藩の軍隊に依存している状態でした。しかも，各藩で兵制や軍事調練の方式はバラバラでしたし，直属の軍隊を増強しようにも，明治政府はその発足の当初より財政難に悩まされてきましたので，容易ではありませんでした[13]。政府では1871年に，鹿児島・山口・高知の3藩から兵隊の一部を献上させて直属軍を増強しましたが，競合する3藩が背後にある以上，それらの調和は大きな課題であったと考えられます。

　しかし，明治政府の首脳たちは，廃藩よりも府藩県の三治制を徹底させることで，政治の統一と政府の強化を図ろうとしていました。旧大名や士族たちが

※12　特に，鹿児島・山口・高知などの明治国家建設に功労のあった大藩は，水面下で覇権を争う関係にあっただけでなく，中央政府に批判的な勢力を内部に抱え，政府首脳を悩ませています。山口藩では1869年に脱隊騒動と呼ばれる兵士たちの反乱が起こり，鹿児島藩・高知藩は「藩制」の審議にさいして政府に批判的な態度を取りました。1870年7月には，鹿児島藩士の横山安武が，政府を非難する意見書を集議院の門扉に掲げて自刃し，9月には，政府の常備兵となっていた鹿児島出身の兵隊約1000人が鹿児島へ引き揚げる事件が起こりました。松尾正人『維新政権』（吉川弘文館，1995年），172～177頁。

※13　もちろん，直属軍を強化するのではなく，諸藩の軍隊を主力に，それを政府が管轄するべきだという考えもありました。

全国に支配階層として存在している以上，藩を廃止するというのはよほど極端で危険な政策といわねばなりません。諸藩を気にかける政府は，三治制を進めることで漸進的（ぜんしん）に集権化を徹底させていく路線を採用したわけです。現在から見ると，それは中央集権制として不徹底で，矛盾した政策のようにも思えます。とはいえ，版籍奉還や「藩制」の制定でさえ，従来の藩体制を大きく変化させる急進的な改革だったのです。加えて，新政府の取り組むべき課題や問題はあまりにも多く，中央集権国家の創出という巨大な仕事を，当面の目標点を低く設定して進めたとしても，それは無理からぬことだったといえるでしょう。

けれども驚くべきことに，1870年から71年にかけて，中央集権を前に進めようとする意見が，ほかならぬ諸藩の側から次々と出てきたのです。大藩では，鳥取・徳島・名古屋・熊本などの知事が朝廷に建白を行い，小さな藩では，膳（ぜ）所藩（現在の滋賀県）など複数の小藩の議員が，集議院で郡県制を速やかに行うよう建言を行いました。また，既に見たように，この時期には廃藩に至る藩も出てきました。佐倉藩士の依田右衛門次郎は，その1871年3月10日の日記に，「藩を廃してことごとく郡・県とし，諸藩の士卒らはすべて農商とするべきだという論は，肥前（ひぜん）の大隈らの説であったが，この説がますます行われて，既に盛岡県などはその士卒をことごとく農に就かせた。（略）徳川従三位（じゅさんみ）はその家禄を奉還し，大垣（おおがき）藩の知事はその職を奉還した。世の人々は狂ってしまったか，馬鹿のようだ」と書いています[14]。なぜ積極的に集権化を進めようという意見が，諸藩の間から出てきたのでしょうか。

一つの理由として，この頃から次第に，西洋列強と対峙できる国家をつくるには，これまでの藩体制や世襲身分制を改める必要があると考える人々が増えてきたことが挙げられます。この時期には，文明開化の思想を伝えた福沢諭吉（ふくざわ ゆきち）

（1834〜1901）の『西洋事情』がベストセラーとなり，洋学者や西洋人が政府にも諸藩にも登用され，各藩の軍隊も洋式化が進んでいきましたから，人々の世界情勢や国内改革に対する認識は深化していったと考えられます。

　また，集権化の必要を説いた人々は，自藩の立場ではなく，国家的見地からその必要性を語ったことが重要です。藩の地方行政機構化を進めていた改革派の藩首脳たちは，朝廷と藩とを別物とせず，国家のために集権化や世襲身分制の否定を論じました。特に積極的な改革を行った藩では，朝廷の威光を持ち出すことで藩内の不満を抑えていました[15]。藩首脳たちは，藩内の不平や敵意に囲まれながら，朝廷の方針を自分たちが率先して施政に表わしているのだと信じて，改革を進めていたのです。そのような信念は，朝廷の政治に自らの理想を投影することにもつながります。彼らは自らの望む方向に国家が進むよう，建白を行ったのです。なお，国家という公の前には藩や家禄は私的な利害であると見る公私の価値観が，諸藩に自己否定的な主張を行わせた面もありました[16]。

　諸藩から積極的な集権化論が出されたことで，政府でも岩倉具視を中心にさ

※14　学海日録研究会編『学海日録』3巻（岩波書店，1992年），83頁。名古屋藩知事の徳川徳成（従三位）は，1870年11月，知藩事として少しの功労もなく過分な家禄を有していると奉還を願い出，知事を父親の慶勝に交代した後の1871年2月にも改めて家禄奉還を願い出ました。また，大垣藩知事の戸田氏共は，1871年2月，自らを「虚名・坐食」と批判し，知事職を辞して米国留学を願い出ました。

※15　藩政改革に対し不平を抱く人々は少なくありませんでした。多くは涙を呑んで耐えたと考えられますが，なかには武力反乱を企て，あるいはその嫌疑をかけられたことで逮捕・投獄された者もいました。

※16　ただし，盛岡藩のように，実際は政府への献金ができず廃藩に追い込まれたにもかかわらず，政府側の指導によって，郡県制実現を意図して自ら廃藩を願い出たように装った場合もありました。

らなる集権化の立案が行われました。4月頃に作成された案※17では、①各知事は東京に住み、3年に1度管轄地へ出張する、②知事の家禄は大蔵省から支給し、軍事は兵部省、刑法は刑部省、地方行政の統合は民部省がつかさどる、③藩の呼称を廃止して、大藩を州、中藩を郡、小藩は統廃合して県にする、などの構想が見られます。中央集権化をかなり進めるものといえます。既に自立が困難になっている小藩を整理統合する一方で、大・中藩を州・郡に移行し、知藩事はほぼ名ばかりでも州郡の知事として存続するように、旧藩の継承に配慮がなされています。

　当時、諸藩から出された集権化の意見はまちまちで、同じ「郡県」の名でも集権化の構想には幅がありました。津和野藩（現在の島根県）のように廃藩を主張した藩もありますが、郡県論に批判的な士族も多く存在するなか、旧大名とその家臣団に配慮をしながら集権化を進めるのが、現実的な落としどころと考えられたのでしょう。岩倉は大藩の会議を経たうえで、このようなもう一段進んだ改革を行おうと考えていました。ところが、7月に至り、唐突に、すべての藩を廃止するという急進的な廃藩置県が断行されたのです。

　この1871年夏（4月～6月）の東京では、中央政府の制度改革が模索されていました。政府強化のために鹿児島・山口・高知から朝廷の直属軍として献上された兵隊が東京に集まり、改革派諸藩の藩主や代表者たちも上京してきました。政府の会議、諸藩士の往来が繰り返され、改革の機運が盛り上がるなか、突如、山口藩出身の若手軍関係者の間から廃藩の話が飛び出したのです。

　当時兵部少輔（兵部省の大官）だった山県有朋（1838～1922）が後年語ったところによると、ある日、麹町の山県の屋敷を訪ねた同じ山口藩出身の鳥尾小弥太（1847～1905）が、居合わせた野村靖（1842～1909）と天下の大勢について語り合ううち、「どうしても、これではいかぬ。封建を廃し、郡県の治

をしかなければならぬ」という話になったといいます。山県の賛同を得た二人は，同藩の先輩である井上馨（1835〜1915）に話を通しました。政府の財政や行政に携わってきた井上はもとより賛成でしたが，まず西郷隆盛（1827〜1877）の同意を得る必要を伝えました。このとき政府では西郷と木戸孝允が参議という重職に就いていたのです。また，鹿児島は郡県制に批判的な意見が強かったため，懸念もあったと思われます。ところが，この話を山県から持ちかけられた西郷は，「それはよろしい」と意外にもあっさりと同意しました。当時，東京に出てきた西郷は，集権制に進みつつある時勢を察知し，廃藩の必要を悟っていたのです。

　棚上げされていた政治課題が，あるきっかけで急速に実現するということがあります。廃藩置県は，山県邸での話からわずかの日数で実行に移されました。計画は山口・鹿児島両藩の関係者間で極秘に進められ，政府首脳である三条実美や岩倉具視にさえ，直前まで知らされませんでした。そして7月14日，天皇の詔勅として，藩を廃し県を置くことが諸藩に伝えられたのです。電撃的な廃藩の断行には政府内も驚愕し，騒然となりましたが，西郷隆盛が，「このうえもし各藩で異議などが起これば，兵をもって撃ち潰しますのほかありません」と大声に一喝したことで，たちまち議論がやんだといいます。結果的に，諸藩の反抗は起こりませんでした。各藩の知事には9月中に東京へ帰るよう指示が出され，以後，旧大名は東京に住むことになりました[18]。

※17 「大藩同心意見書」（日本史籍協会編『岩倉具視関係文書』8巻，東京大学出版会，1969年，163〜175頁）。この案を作成したのは大隈重信と考えられています。

※18 政府では1870年12月に諸藩知事に対し東京詰めを指示していましたので，赴任地より東京へ帰るという表現がとられました。

（4）藩の廃止はどう受け止められたか

●

　廃藩置県の報は全国の人々に衝撃を与えました。ある武士はその日記に、「茫
然として夢のごとし」と書き，その日は泣きながら寝ています[19]。郡県制に反
対していた佐倉藩の依田右衛門次郎は，1871（明治4）年7月16日，佐倉でこ
れを聞き，「自分はかねてこうなるだろうと思った。しかしこれほど速やかに行
われるとは思いがけなかった」と驚き，急ぎ藩主のもとへ駆けつけました。図
12はこのときの様子を後年依田が絵に描いたものです。藩主の前に集まった重
役たちは，驚きつつも既に廃藩を予感し，時勢のやむを得ないことも理解して
いたように描かれています。しかし，時勢というだけで武士たちは納得したの
でしょうか。

　実は，廃藩置県に怒りや不満を覚えた人々はかなり多かったと見られます。
鹿児島藩知事の父である島津久光（1817〜1887）は，西郷隆盛に対して廃藩
を行わないようくぎを刺しておいたのですが，相談もなく廃藩置県を実施され，
立腹の余り邸中に花火を打ち上げさせたという話が残っています。また，熊本
藩は諸藩に率先して知事の選任を主張した藩でしたが，重役の幸準蔵は，実績
の挙がらなかった知事は交代させるべきだが，成果を挙げた知事は再任される
べきだとして，熊本藩知事の再任を求める意見書を認めています[20]。とはいえ，
それらが表立った反抗につながることはありませんでした。なぜ反乱が起こら
なかったのでしょうか。

　一つには，西洋列強に対抗するためには，郡県制でなければならないという
言説がひろまっていたためと考えられます。武士たちは，予想以上に早い廃藩

図12　廃藩置県の知らせを受けて相談する佐倉藩首脳

① （知藩事・堀田）正倫公「いづれも東京より申来りしを承知いたされたか。はやくそれぞれに達しめされ。

② 平野重久「西村氏のいはるるごとく，いよいよ郡県の政治に定まりしと見えます。王政一新はかくなうてはならぬはづとは思ひますれど，今さらの事のやうで，おどろき入りましたな。

③ 佐治延済「さてさて意外の事になりました。

④ （依田）右衛門次郎「いよいよ朝廷より，藩を廃し県をおくよしを仰せ出されたと相見へます。時勢とは申ながら，甚残念にぞんじます。

⑤ 西村茂樹「この事はおそかれはやかれ行はれることと，ぞんじましたが，はたして仰出されたと見へます。さすればこれより，その用意をせずばなりますまい。

⑥ 相沢広右衛門「只今御覧に入れたる急状，又これなるはその様子をくわしくしるしましたる同役どもの状にござります。

に驚きつつも，いずれ藩がなくなる日が来ることを覚悟していたのです。加えて，版籍奉還によって既に名目上は領主制がなくなっていたことも重要です。

※19 「上田久兵衛日記」19冊（東京大学史料編纂所所蔵写本），1871年8月3日条。

※20 今村直樹「廃藩置県に対する旧熊本藩士の意見書」（『永青文庫研究』3号，2020年）。幸は意見書の題を「死罪論」と名付けています。朝廷の決定に異を唱えることが死罪に値する行為であると認識されていた雰囲気がわかります。なお，この意見書が提出されたかは不明です。

明治初年の藩政改革は，その名目を実質化するために，藩政と大名家を分離して公私の区別を行い，府県と同様の地方行政機構に藩を近づけていきました。そして，藩政改革の過程を通じて，武士たちは武家社会の変化を体感し，新たな時代が到来しつつあることを自覚していったのだと考えられます。

　また，旧藩主家に直接大きな不利益が与えられなかったことも大きいでしょう。藩の莫大（ばくだい）な借金は政府が引き継ぐことになり[※21]，他方で旧藩主家の家禄は保障されました。知藩事たちにとっても，累代（るいだい）の家臣と領地から切り離されることには感情的に抵抗があったはずですが，既に藩士たちは名目上彼らの家来ではなくなっていましたし，久しい以前から土地も人民も城も彼らの私有物ではありませんでした。そして，藩士たちにいかに不平がつのろうと，知藩事が廃藩置県を受け容れた以上，藩士たちが抵抗することは難しかったのです[※22]。それでも仮に，一挙にすべての藩を廃止せず，ある藩は廃し別の藩は残すというような方法がとられていたならば，藩士たちが旧知事の再任を願って運動する余地が残ったことでしょう[※23]。慎重に事を進めるよりも果断に急進的な変革を行ったことが，抵抗を少なくしたと考えられます。廃藩置県の発令後，旧知事たちは藩内の不満を抑えることに努めました。廃藩置県の意義を説き，心得違いをすることなく，これまでの藩主家への忠誠を転じて朝廷に仕えるよう説いたのです。

　しかし，武士たちが鳴りを潜めていたのとは違い，旧藩主が藩地を去ってしまうことに反対する百姓一揆が，西日本各地で起こりました。伊予の大洲藩（おおず）改め大洲県では，廃藩置県の報が届くや村々が騒ぎ立ち，約4万人の一揆勢が城下に乱入して，旧知事の上京を止め，維新以前の政治に戻すことを要求しました。民衆の間には流言がひろまっており，大参事がこの度の知事の帰京を画策した

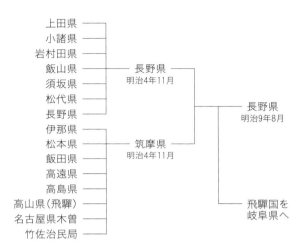

図13　長野県成立に至る県の統廃合

とか, 戸籍調査は人々の生き血を搾るためであるとか, 種痘（天然痘のワクチンを接種すること）は毒を植えるものだというような, 政府の政策に対する無根の説が頻りに唱えられたようです。これらはつまり, 新政に対する人々の疑念や恐怖心が, 旧藩主の離任を知って一気に爆発したものだったと推察されます。県庁では兵威をもって鎮圧する意見も出ましたが, 圧制を非とする考えか

※21　藩札も7月14日の価格で政府の貨幣と引き換えることが布告されました。諸藩は藩政改革において藩の債務や藩札の償却をしなければならず, そのために知事や藩士の家禄を削るなど, 藩財政は苦境に立たされていましたので, 彼らは救済された面もあったわけです。

※22　加えて, さまざまな理由から政府に反抗すると見なされた者たちが廃藩置県直前に弾圧されていたことも, 影響していたと考えられます。1870年から71年前半にかけて, 山口藩脱隊騒動, 雲井竜雄事件, 愛宕通旭事件, 久留米藩への出兵, 攘夷派士族の捕縛などが起きています。

※23　福岡藩では廃藩置県より約1か月前に, 贋金を城内で製造した罪で知事が免職となり, 領民たちが旧知事の復職を求めて運動を開始していましたが, 廃藩置県の報が入ったことで目標を失い, 運動がやみました。

ら武力鎮圧を行わず，維新以前の役員に再び政治をとらせました。けれども旧知事が自ら説諭に出向いても一揆は解散しません。一揆勢が城下に入ってから4日目，大参事の山本尚徳は県庁を退出して自宅に戻り，自刃して果てました。このことを聞いた一揆勢は悲哀の情をもよおし，解散に至ったといいます。

　さて，廃藩置県では261の藩が廃止され，既存の府県と合わせて3府302県となりました。旧知藩事とその家族は東京に移り，当面はそれまでの大参事以下の役人が引き続き県の業務を担当しました。11月にこれらの府県は廃合されて3府72県となり，藩は終焉を迎えます。飯田藩改め飯田県を例に見てみると，11月に信濃国南部の諸県と飛驒国（現在の岐阜県）高山県が合併して筑摩県となりました。ただし，発令されてから実際の行政引き継ぎまでには時間がかかりますので，旧飯田藩士たちは翌年2月に行政を引き継ぐまでは旧県の仕事を行いました。そして，新しい県の官員になれた士族はきわめて少数にすぎませんでした。小藩の旧飯田藩でさえ約300人の藩士を抱えていましたが，合併した筑摩県の官員数は92人で，それもほとんどは旧伊那県の官員でした。旧藩士の大半が，府県の合併を通じて職を追われたことがわかるでしょう。廃藩置県によって，武士たちのほとんどは官員をやめ，世襲支配者の座を奪われたのです。

４．なぜ士族の特権は奪われたのか

（1）文明開化のなかで

●

　幕末維新の変革は，武士たちが中心となって進めたものでした。そして明治政府も，当初はそのほとんどが武士出身の人々から構成されていました。にもかかわらず，廃藩置県を行った明治政府は，後述するような四民平等政策を進めて士族の特権を奪い，秩禄処分を行ってその家禄までも取り上げました。なぜ政府は士族の特権を奪ったのでしょうか。

　まず留意したいのは，人々が自らの出身階層の利害のために行動するとは限らないということです。明治維新を推進した人々は愛国者で，彼らは国家のために藩や家を犠牲にし，自らの命も捧げてきた人々でした。したがって，彼らは武士であることを誇るよりも，日本を世界から馬鹿にされない国にするため，率先して自らを変えていったのです。

　自らを変えるという点では，士族たちの外見もまた，廃藩置県の頃から急速にひろまった文明開化の風潮によって，大きく変化しました。外国人から好奇の目で見られるまげを切り，帯刀をやめる士族が増えるなか，官員の礼服には洋服が採用されるなど，人々の装いに変化がもたらされます。江戸時代の身分制社会では，髪形や服装にも身分の違いがあり，帯刀は武士の象徴でしたから，これらをやめてしまうことは，取りもなおさず武士の身分標識が外形的に消滅することを意味しました。明治政府の開化政策に反対した島津久光などの保守的な人々からは，服制を旧に復して秩序を回復すべきだという意見が出されましたが，政府がそれらの意見を採用することはありませんでした。むしろ県によっては散髪を人々に強要するところまであったのです。

図14　西村兼文『開化の本』（1874年）

　官僚たちが刀をささなくなると，帯刀には身分標識の意味がなくなります。刀は凶器としての性格を強調され，そのような凶器を必要もないのに身に帯びて歩くのは，身分意識が抜けない「旧弊」の人間だと批判されるようになりました。図14の絵は1874（明治7）年に出版された本の挿絵で，人物の顔に「文明」「旧弊」と書かれており，時代の変化に腰を抜かし，「陋習」（愚かな慣習）のために変わることができず困却する者の姿が，かつての武士の姿に重ね合わせて描かれています。

　「文明」と「旧弊」を対比して「文明」への進歩を説く文明開化の思想は，西洋列強に対抗できる国家をつくるためには自らを変えなければならないという考えに立脚していました。中央集権国家をつくるべきだという郡県論もその一つでしたが，藩体制の廃止が実現してしまった衝撃は大きく，どのような大変

革も可能であるかのような感覚を，人々に与えたものと思われます。華族や士族の身分を廃止しようという意見まで，新聞紙上に登場したほどでした。

　廃藩置県後，江戸時代以来の身分統制は限界を迎え，身分制度は大きく変化しました。人々を身分集団ごとに支配する方式を改め，居住地域をもとに戸籍を編成して統治することにしたのです。また，職業選択の自由，つまり世襲ではなく自らの意思で職業を選べるようになり，職業間の移動の垣根は低くなりました。廃藩とともに職を失った士族は，新しい職業へと移っていきます。逆に，平民から軍人や官吏になる道も開けました。卒の族籍が1872年に廃止されると，国民の族籍は皇族・華族・士族・平民に整理され，江戸時代の身分制度は終わりを告げたのです。

　なお，差別されてきた身分の人々については，1871年に平民に加える布告が出されました。これは，全国統治を行う政府が，地域や身分・由緒などによって異なっていた税制を改めようとしたのがきっかけだったといわれています。一部無税地となっていた被差別身分の人々の土地に対する課税が政府内で検討されるなかで，彼らの身分じたいを改める意見が登場したようです。文明開化の機運がこうした考えの後押しをしたことは疑いないでしょう。「四民平等」や「四民混一」と呼ばれる政策※1が政府によって進められ，それまでの上下貴賤（きせん）の秩序は大きな変化を求められたのです。

　開化政策では，平民の法的権利が著しく向上しました。無礼打ちが禁止され，華族から平民まで通婚が許されるようになり，移動や職業選択の自由も得られ

※1　士農工商（四民）の身分間の差別を廃止していく政策。「四民同一」などの標語は廃藩置県以前から用いられていましたが，文明開化の思潮とともに廃藩置県前後から急速にひろまっていきました。

るようになりました。耕地の作付けが自由となり，地租改正によって土地所有権が確定されました。もっとも，それまでにはなかった日常的な細かな規制が開化政策によって導入された面もあります。例えば裸体や道ばたでの小便が軽犯罪とされて取り締まられるようになるなど，人々の日常生活が以前よりも煩<ruby>煩<rt>わずら</rt></ruby>わしく拘束された向きもありました。このため，京都府などでは新政に反対する農民一揆が起こっています。

　平民の権利向上は，新政による旧政の弊害除去という改革のうえに，西洋の諸制度にならった政策が展開したものでしたが，他方で，愛国心が強調されることもありました。江戸時代のように武士が下位の者たちを見下す社会ではなく，平民が自主の精神を持って活躍し，国家を担う存在になっていくことが，国を富まし強くすると考えられたのです。明治初年の文明開化は，このように武士が支配してきた社会の姿を一変させるものでした。

　ただし，法的に上下貴賤の秩序が否定されたとはいえ^{※2}，急激に実態が変化するわけではありません。身分差別はその後も長く継続しました。制度的にも，華族・士族という族籍は，第二次世界大戦後，日本国憲法の施行によって廃止されるまで続きます。

（2）秩禄処分

●

　文明開化の思潮は，士族にきわめて厳しい風を当てました。同じ人として天より与えられた権利に違いはないという考え（<ruby>天賦<rt>てんぷ</rt></ruby>人権論）の普及とともに，士族の役割が厳しく問われたのです。実は士族たちの多くは職を失ったものの，

家禄は引き続き受け取っていました。その結果，当時の国家財政のうち実に3割以上が，華族と士族の禄に充てられていたのです。このため世間は，彼らを何も仕事をしないでタダ飯を食べていると批判しました。加えて明治政府は，徴兵制度を布いて国家の軍隊を士族以外からも集めることを始め，士族の軍人としての独占的地位も奪いました。世襲の武士の間には，そもそも軍人に向いていない人もいれば，貧しさから武備を調えることができない人もおり，優秀な国軍をつくるためには世襲の軍人を廃止して，財源を生み出す必要があったのです。

　当時，士族に対してジャーナリズム上ではどのような言葉が浴びせられていたのでしょうか。文明開化を対話形式で説明した『開化問答』という本には，次のようにあります。

　　（略）今日の士族は昔の武士とはことかわり，軍役のために設け置かるる事ではなく，ただその活計（くらし）を御救助なさるために御扶持を下さるわけでござる。されば名は百姓丁人（町）の上に位（くらい）すれども，畢竟（ひっきょう）百姓丁人の寄食人（きしょくにん）でござる。また足下（おまえ）はこれまでの武士を大そう役に立ったもののようにいいなさるが，僕の考えでは同じ二本ざしなら，焼き豆腐の方がはるかましだと思います。（略）既に丑年（うしどし）〔1853年〕亜米利加人（あめりか）のはじめて渡来したとき，鎧（よろい）を所持の者は千人の中に一人位のことにて，皆々戦争どころか顔色土気色（つちけいろ）になり，人間の有様はなかったと申します。（略）ナントこれでも平常大禄を貰い，軍（いくさ）を商売にしている人といわれましょうか。実に無益なものでございます。（略）特にこれまでの武士は農工商の三民を治めると

※2　刑法上で士族が平民と同等の扱いになるのは1880年公布の刑法からです。それまでは士族や官吏などは平民とは異なる刑罰の基準がありました。

いうところから慢に威張り，百姓丁人を取扱うこと目の下の罪人のごとくになし，また百姓丁人は由縁もなき武士に平身低頭して，貴君の御無理御尤と聞いていました。ナントこの時代には足下も武士は無理なものだと思われましたろう。かく百姓丁人の武士を尊敬するわけは，百姓丁人の身分を守護してくれるゆえでござる。それがその職分を疎にし，ただ法外に威張ってのみいては却って百姓丁人の害をなす理にて，実に厄介物ではござりませんか。※3

　ここでは，既に士族は軍人としての役割を果たさず，家禄を受け取って生活を助けられている「寄食人」であるとされているばかりか，これまで威張ってきたことに批判の言葉まで投げつけられています。

　このような士族批判が横行するなか，政府では1872（明治5）年，早くも華士族（華族・士族）の家禄を処分する計画を立て，海外から資金を借りて秩禄※4を買い上げようとしました。国家財政のためには華士族への恒常的な禄の支給をやめる必要があったからです。ただしこれは政府内での反対もあり※5，政策としてただちに実現しませんでした。

　華士族から家禄を奪う政策が苛酷にすぎるという意見は，政府内では，特に木戸孝允が強く主張しました。封建制の解体を率先して推進してきた木戸でしたが，彼は岩倉使節団※6に随行して米欧を旅するなかで，国内での急激な開化政策に批判的になり，秩禄処分に慎重になったのです。木戸は家禄の整理が必要であると考えてはいましたが，より緩やかな改革を構想していました。しかし木戸の意見は採用されず，政府内では短期間のうちに華士族の秩禄を処分する政策が構想されていきました。

士族が自らの存在価値を示すには，軍事的な義務を担うのが早道です。朝鮮との外交問題から征韓論[7]が起こると，士族たちは期待を寄せました。しかし，1873年9月に岩倉使節団が帰国すると，岩倉具視・大久保利通らは，征韓を想定した西郷隆盛の朝鮮派遣を阻止します。その結果，西郷隆盛や板垣退助ら政府高官が下野し，政府が分裂する大きな政変となりました。国内には強力な野党が生まれ，政府はその動向に気を配らねばならなくなります。

　1874年に入ると，右大臣の岩倉具視が襲撃され，佐賀では旧藩士らによる軍事反乱（佐賀の乱）が起こりました。士族の反政府的行動は，征韓など主として政治的な理由を掲げて行われましたが，その背後には不遇の時代を迎えた士族たちの不満がくすぶっていたといえます。政府では，朝鮮よりはリスクが低

※3　小川為治『開化問答』初篇（1874年），吉野作造編『明治文化全集　文明開化篇』（日本評論社，1929年），114〜115頁。読みやすく文章を書き改めています。

※4　家禄のほか，人によっては維新における功労を賞されて与えられた賞典禄がありました。

※5　大蔵省高官の吉田清成がアメリカで募債を行った折，駐米外交官の森有礼は家禄の処分に強く反対し，吉田の募債事業の妨害を行いました。吉田は士族の家禄を給与のようなものと考えていたため，働かない者に給与を支払うべきではないと考えていたのに対し，森は家禄を家産であると主張しました。森の考えは近代ヨーロッパの所有権理解に近く，その観点からは日本の華士族の特権剥奪は理不尽な暴政と見えたようです。ただ，日本の場合，土地の実質的な所有権は農民等の地主にあり，知行や禄は徴税権や給与に近い性格を帯びていました。水谷三公『江戸は夢か』（筑摩書房，1992年），第1章。

※6　岩倉具視を全権大使として，1871年11月〜1873年9月の間，米欧12か国を歴訪した使節団。政府要人を多数含む大使節団で，米欧各国の制度や文物を調査して帰国しました。

※7　朝鮮に対する侵略論。明治政府は戊辰戦争が落ち着いた頃から朝鮮との国交を更新しようとしてきましたが，うまくいきませんでした。日本では朝鮮を批判して軍事侵攻を主張する意見が唱えられ，政府内でも1873年に，西郷隆盛が朝鮮へ使節として赴くことが一度決まりましたが，岩倉具視らに阻まれ，西郷以下5人の政府首脳が下野する政変となりました。

いと判断した台湾への出兵^{※8}を行うことで，士族の不平をやわらげようとしました。しかし，台湾は清国の領土でしたので，怒った清国との間に戦端を開きかねない危機に陥ります。どうにか交渉によって戦争を回避した明治政府は，これを教訓に周辺国との間で紛争になりかねない火種を消していく方針をとります。翌年にはロシアとの間で国境を画定し，1876年には朝鮮との間に条約を結んで国交を開きました。これにより，国家の安全を保つとともに，不平士族が外交問題で政府を批判・攻撃する名目を奪ったのです。

　他方，1875年に，守旧派の華士族の支持を得ていた左大臣島津久光と，同年政府に復帰した板垣退助の両者が政争によって失脚したことで，政府は守旧派や在野勢力の影響から離れて士族対策を進めることができるようになりました。

　1876年8月，政府は金禄公債証書発行条例を出して秩禄処分を断行しました。これによって毎年支給されてきた華士族の秩禄（家禄と賞典禄）はなくなり，かわってその5〜14年分が公債証書（政府の借金証文に当たります）として一度に渡され，公債の5〜7％の利子のみが毎年支払われることになりました^{※9}。はじめの5年間，政府は元本の返済を行わず，6年目以降，大蔵省の都合で抽選によって選ばれた人に返済が行われる仕組みで，最長で30年間の返済期間が定められました。この結果，士族の年収は大きく減っただけでなく，近い将来にそれも消えることになったのですが，他方で，買い上げのさいは数年分の秩禄が渡されますので，大金を一時に手に入れることにもなります。政府は同年，国立銀行条例を改正して，金禄公債証書を銀行の設立資本に充てることを許可しましたので，全国で銀行の設立が相次ぎました。

　秩禄処分がなされたことで，士族は家禄収入という特権を奪われることにな

図15　金禄公債証書　5円から5000円まで9種類の証書が発行された。写真は50円証書。

りました。さらに，士族の特権を象徴していた帯刀も，いよいよ同年に禁止され
ます。政府は版籍奉還以前より廃刀の課題を自覚していたものの，士族の反発
の強さを考慮して慎重な態度を取ってきました。しかし，文明開化によってま
げや帯刀が「旧弊」の象徴と化していくなかで，ついに廃刀令を出すに至った

※8　これより以前，台湾に漂着した宮古島民が台湾住民に殺害される事件が起こり，その報復に出
　　　兵することは理由の立ちやすいものでした。また，清国政府が事件を起こした台湾の住民を皇
　　　帝の徳化が及んでいない「化外」の民であると述べたため，日本政府は清国の主権が及ばない
　　　地域であると判断し，清国との戦争になる可能性を低く見積もったようです。日本軍は1874年
　　　5月に出兵し，12月に撤兵しました。

※9　年数や利子に幅があるのは，禄高に対応してそれらが細かく設定されているためです。例えば
　　　年間100円の家禄を受け取っていた士族には，家禄11年半分に当たる1150円が公債証書で一
　　　度に渡されます。ただし，毎年受け取ることができるのは6％の利子である69円のみです。こ
　　　れまで年間に得ていた金額より3割以上低い収入となります。また，年間1000円の家禄であれ
　　　ば7年半分の7500円が公債証書で渡され，5％の利子である375円が年収となり，6割以上の減
　　　収となります。このように，高禄になるほど削減幅が大きく設定されました。

のです。

　この1876年冬から1877年は，熊本神風連の乱，秋月の乱，萩の乱，西南戦争と，いわゆる士族反乱が相次いで起こりました。それらは政府が士族の特権を奪ったことに憤って決起したというよりも，政府に不信や不平を抱く者たちが暴力に走った結果といえます[10]。廃刀令・秩禄処分の直後にもかかわらず，全国の士族の大半は反乱軍に味方しないまま，これらの乱は平らげられてしまいました。西郷隆盛が鹿児島の不平士族を率いて蜂起した西南戦争は最大の士族反乱となりましたが，ついに武力で政府に勝つことはできなかったのです。

（3）城下町の変貌と士族

●

　武家の支配が終わった後，士族たちはどのようにして地域に地盤を得，暮らしを立てていったのでしょうか。信州飯田の旧藩士たちの姿から，これを見ていきましょう。

　飯田城が陸軍省官員に引き渡されたのは，廃藩置県の翌1872（明治5）年2月でした。城内の桜丸に仮役所が置かれ，旧飯田県の行政は筑摩県に引き継がれて，旧飯田藩士たちは免官となりました。しかし，旧藩士たちは散り散りになったわけではありません。廃藩直後より，彼らは互選により上士・中士・下士それぞれを取りまとめる幹事を選出して旧藩士の集団性を維持しました。ただ，このような身分集団による自治は間もなく取りやめられ，全国に設置された大区小区制[11]のもと，戸長・副戸長の管轄に士族も入ります。身分による統治ではなく，居住区ごとで人が管理されるようになったといえます。とはいえ，

飯田町における小区の設定は城下町の町割りに対応していて，旧武家地は谷川を挟んでいながら同じ小区となり，士族の代表者が戸長・副戸長に選出されました。

　その後，1875年に行政区画の合併が行われ，飯田町は一つの小区になります。戸長は平民で，合併した5つのブロックから計5人が副戸長となり，うち士族の副戸長は旧武家地の1人のみでした。このように，士族の集団も行政区画の合併により飯田町に組み込まれていったのです。町の有力者は裕福な商人たちであり，既に士族は支配者の集団ではありませんでした。

　旧藩士たちは，生計を立てるにも力を合わせています。彼らは廃藩後，飯田城の城門や塀などを撤去した跡地を開墾することを願い出，すぐに堀を埋め立て始めました。のちにそれらの土地は町の繁華街に変わります。1874年には，払い下げを受けた開墾地の財産管理を行うために，協同社が設立されました。この時期，全国で士族の結社ができますが，それらの多くは旧藩から引き継いだ共有財産の管理や授産事業（後述）を目的としていました。飯田の士族たちも旧藩が持っていた山林の払い下げを受け[12]，払い下げられた山林は均等に土地割りを施したうえで，くじ引きにより山分けにされました。もっとも，当初は当番制で士族が山の見回りを開始したものの，数年後には近隣の村々に売却してしまったようです。

※10　ただし神風連の乱は結髪や帯刀などに関する文化保守的な性格が強く，反乱も銃ではなく刀を用いて闘ったため，一夜で鎮圧されています。

※11　1871年〜78年に行われた地方行政制度。府県の下に大区を設定し，その下に小区を置きました。江戸時代以来の庄屋や名主は廃止されて，区長や戸長・副戸長などが置かれました。

※12　1873年7月までは，開墾奨励の意図もあって，官有林の払い下げが法令で許可されていました。

秩禄処分によって一時的に大金が士族の手に入ったことで，1876年以後，全国で銀行の設立が相次ぎました。飯田でも協同社が母体となって第百十七国立銀行が設立されただけでなく，いくつもの金融会社が生まれています。もっとも士族の資本のみでは経営が難しく，豪農や豪商が加わることでこれらの事業は営まれました。当初は「殿様銀行」とあだ名された第百十七国立銀行も，次第に平民の株主が増加していきました。

　士族の困窮は，士族反乱の緊張が強かった明治初年よりも，秩禄処分の影響が表れた明治10年代の方が，厳しいものがありました。飯田町に隣接する上飯田村では，1883（明治16）年の生計調査で，士族53戸のうち45戸が下等（かろうじて生活できる程度）および無等（赤貧）に分類されています。他の地域でも，例えば翌1884年の統計によれば，熊本県の熊本区に居住する士族のうち，下等と無等に分類された士族は，同区に居住する全士族戸数の実に7割4分にのぼり，この時代の士族の生計の苦しさが推し量られます[※13]。

　士族の困窮に対しては，士族授産と呼ばれる政策が各地で取り組まれました。これらは廃藩置県以前より始まったものもあり，有名なものでは北海道開拓や，静岡藩が旧幕臣の就産のため土地と資本を与えて開墾させた牧之原の茶園などがあります。廃藩後も政府や府県は積極的に士族の授産に力を尽くし，あるいは資金や土地を提供・貸与し，あるいは産業や銀行設立の誘導を行いました。しかし，授産事業のなかには成績を挙げたものも少なからずありましたが，多くが失敗に帰したと評価されています。その原因には，不慣れな農商業に不用意に従事したことや，士族に忍耐力や順応性が不足していたこと，政府が適切な誘導を行わずに微力の士族に難事業を担わせたことなど，多々指摘されています。ただ，最大の原因は明治前期の経済が激しく変化したことで，特に1881

図16　士族授産でつくられた会社　福井県の交同社。牛乳商と活版印刷業を営んでいる。

年に始まる不景気（いわゆる松方デフレ）は，多くの授産事業を挫折に追い込みました。

　士族授産は困窮した士族の救済事業としては失敗が多かったものの，近代日本の資本主義化に大きく貢献したと考えられています。それは，土地利用を増やしたり，新たな産業を移植・普及させたり，地域産業を興したりしただけでなく，会社組織をつくって賃労働者を働かせたり，金融機関を普及させ，資本を集めて事業を行ったりする資本主義の文化を根づかせる役割も果たしたためです。武士の時代が終わり，士族たちが新たな時代に適応するのは容易なことではありませんでしたが，彼らの労苦が次の時代を育てた面もあったといえるでしょう。

※13　我妻東策『士族授産史』（三笠書房，1942年），123〜124頁。士族は名誉意識も影響して，官
　　　吏や軍人・教師などの俸給生活者になれないと，無職に止まっている場合も多かったようです。
　　　それでも以前の上級武士は禄高も多かったことから，秩禄処分後も比較的富裕で，子弟に教育
　　　を与えて学歴による立身出世を実現させる傾向があったと見られています。園田英弘・濱名篤・
　　　廣田照幸『士族の歴史社会学的研究』（名古屋大学出版会，1995年）。

おわりに：必然ではない歴史を生きるには

この本では，武士の支配する時代がどのようにして終わったのかをたどってきました。この問題は，身分制の変化の問題でありながら，政治過程としてはその途中まで，国家体制の集権化として進行したことが一つの特徴といえます。

　はじめは名目を改めるのみで実質の変更を小さく見せた版籍奉還でしたが，結果的には新たな名目に即して実質を改めるものとなり，大名の領主的性格を奪っていきました。集権化の要求は廃藩置県へと進み，藩を廃して府県を統廃合した結果，多くの華士族は失業者となりました。つまり，集権化によって武士が支配する時代はなかば終わりを告げられたのです。仕事もせずに家禄を支給される華士族は，国家財政を圧迫する存在と見なされ，秩禄処分が行われることで，彼らの生活基盤につながる特権も奪われました。

　しかし，このようなかたちで武士の時代が終わったことは，全く必然ではなかったのです。現在の私たちにとって，武士のいない世の中は当たり前のように思えるかもしれませんが，実際の歴史にはいくつもの分かれ道があり，選択によっては異なる歴史もあり得ました。廃藩置県を思い出してください。集権化を模索する過程では，必ずしも廃藩のみが唯一の選択肢ではありませんでした。もしも版籍奉還で旧藩主家の世襲を認めていたなら，藩体制は容易になくならなかったはずですし，もしもいっせいに廃藩置県をするより前に小藩を統廃合して大藩を残すような，ある藩は残すけれどもある藩は廃止するというような改革を選んでいたなら，全国の藩士・領民の憤激を買って，政府の改革は失敗していたかもしれません。あるいはその改革がうまくいったとしても，旧藩の存在は実質的にその後も残り，身分制の大変革は容易に行われなかったことでしょう。

　変革のなかに生きる人々の目には，これほど早くに藩がなくなるとも，自分

たちの仕事が奪われるとも，また四民平等の世の中になるとも，見えていなかったと思います。変革の割りを食う人々が少なからずおり，非常な苦難に遭う人も多く出るなか，武家の支配は崩れいきましたが，それでも選択によっては，武士の時代が延命した可能性はあったはずです。廃藩置県の後でも，清国や朝鮮と対外戦争を起こしていれば，士族がその力を再び盛り返し，四民平等の実質化が遠のいた可能性があります。

　歴史はそのときどきの人々の努力や運不運，選択や偶然の結果，どのような道をたどるかによって異なる未来を描くものです。選択によっては大きな摩擦を回避できたとしても，後世に弊害を残す場合もあるでしょうし，その逆もあるでしょう。明治維新では，その都度の政治的選択の結果として急激な集権化が行われ，士族の特権を奪い，世界的にも類例の少ない支配身分の解体を実現しました。しかしそれは結果であって，たどった道によっては異なる変革の姿になった可能性もあるのです。そもそも維新変革は身分制の解体を正面の課題としたものではありませんでしたから，必然的に武士の時代が終わったわけではなかったのです。

　幕末に生きていた人々は，数年後に武士が支配する世の中が一変するとは，想像していなかったことでしょう。同様に，私たちにも今後，思ってもみなかったような変化が訪れるかもしれません。それによって私たちはよりよい社会をつくりだせるかもしれませんが，他方でその弊害を蒙る人々も，必ず出ることでしょう。下手をすれば悲惨な戦争を呼び込むかもしれません。もちろん，変化を恐ろしいと思うのは自然なことですし，自分が被害を蒙る側に回りたくないと思うのは誰も同じです。けれども，望むと望まざるとにかかわらず，変化に直面する日が来るのだとしたら，そのとき，過去に生きた人々の経験は，私たちを

勇気づけ，より注意深く周到な思慮をもって現実に対処することを可能にしてくれるはずです。私たちが学ぶべき対象は，身近な地域にも，外国にも，ふんだんにあることを思えば，何と心強いことではありませんか。

参考文献

青山忠正『明治維新の言語と史料』清文堂出版, 2006年

我妻東策『士族授産史』三笠書房, 1942年

飯田市歴史研究所編『飯田・上飯田の歴史』下巻, 飯田市教育委員会, 2013年

飯田文化財の会編『郷土の百年』第二集, 南信州新聞社, 1969年

池田勇太『維新変革と儒教的理想主義』山川出版社, 2013年

池田勇太「旗本近藤家の明治維新」『飯田市歴史研究所年報』8号, 2010年

池田勇太「維新における「私政」の否定と藩政」『歴史学研究』872号, 2010年

池田勇太「「卓越」と衆議」『明治維新史研究』17号, 2019年

石川卓美編『山口県近世史研究要覧』マツノ書店, 1976年

石黒忠悳『懐旧九十年』岩波書店, 1983年

石光真人編著『ある明治人の記録』中央公論社, 1971年

磯田道史『近世大名家臣団の社会構造』東京大学出版会, 2003年

今村直樹「廃藩置県に対する旧熊本藩士の意見書」『永青文庫研究』3号, 2020年

「上田久兵衛日記」19冊, 東京大学史料編纂所所蔵写本

上田純子「幕末の軍団」森下徹編『武士の周縁に生きる』吉川弘文館, 2007年

愛媛県史編さん委員会編『愛媛県史　近世下』愛媛県, 1987年

大久保利謙『華族制の創出』吉川弘文館, 1993年

『秩禄処分顛末略』大蔵省理財局, 1926年

太田俊穂『南部維新記』大和書房, 1974年

奥田晴樹『維新と開化』吉川弘文館, 2016年

刑部芳則『洋服・散髪・脱刀』講談社, 2010年

落合弘樹『秩禄処分』講談社, 2015年

尾脇秀和『刀の明治維新』吉川弘文館, 2018年

学海日録研究会編『学海日録』2巻, 岩波書店, 1991年

学海日録研究会編『学海日録』3巻, 岩波書店, 1992年

学海日録研究会編『学海日録』別巻, 岩波書店, 1993年

勝田政治『廃藩置県』講談社, 2000年

吉川秀造『全訂改版 士族授産の研究』有斐閣, 1942年

木原溥幸『佐賀藩と明治維新』九州大学出版会, 2009年

慶應義塾編『福澤諭吉全集』7巻，岩波書店，1959年

下山三郎『近代天皇制研究序説』岩波書店，1976年

新熊本市史編纂委員会編『新熊本市史』史料編第4巻近世Ⅱ，熊本市，1996年

鈴木淳『維新の構想と展開』講談社，2002年

千田稔『維新政権の秩禄処分』開明書院，1979年

園田英弘『西洋化の構造』思文閣出版，1993年

園田英弘・濱名篤・廣田照幸『士族の歴史社会学的研究』名古屋大学出版会，1995年

竹中幸史『図説 フランス革命史』河出書房新社，2013年

塚原渋柿園「明治元年」柴田宵曲編『幕末の武家』青蛙房，1971年

時山弥八編『稿本もりのしげり』1916年

内藤鳴雪『鳴雪自叙伝』岩波書店，2002年

日本史籍協会編『岩倉具視関係文書』8巻，東京大学出版会，1969年

丹羽邦男『地租改正法の起源』ミネルヴァ書房，1995年

林茂香『幕末・明治萩城下見聞録』マツノ書店，2008年

原口清『明治前期地方政治史研究』上，塙書房，1972年

原口清『戊辰戦争論の展開』岩田書院，2008年

深谷博治『新訂 華士族秩禄処分の研究』吉川弘文館，1973年

藤井松一ほか編『日本近代国家と民衆運動』有斐閣，1980年

藤野保『幕藩制国家と明治維新』清文堂出版，2009年

星野尚文「明治初年藩政改革と公私の分離」『東海大学紀要』文学部98輯，2012年

星野尚文「明治初年の判物提出と版籍奉還」『東海史学』48号，2014年

星野尚文「明治初年における鳥取藩の藩政改革」『東海史学』49号，2015年

細川家編纂所編『改訂肥後藩国事史料』10巻，国書刊行会，1974年

前田結城「幕末維新期における封建論とその論者」『ヒストリア』248号，2015年

松尾正人「明治新政府の東北経営」『東海大学紀要』文学部42輯，1985年

松尾正人『維新政権』吉川弘文館，1995年

松尾正人『廃藩置県の研究』吉川弘文館，2001年

松尾正人『木戸孝允』吉川弘文館，2007年

水谷三公『江戸は夢か』筑摩書房，1992年

三谷博『明治維新を考える』岩波書店，2012年

三谷博『愛国・革命・民主』筑摩書房, 2013年

三谷博『維新史再考』NHK出版, 2017年

三谷博『日本史からの問い』白水社, 2020年

明治文化研究会編『明治文化全集　憲政篇』日本評論新社, 1955年

山川菊栄『武家の女性』岩波書店, 1983年

山川菊栄『覚書幕末の水戸藩』岩波書店, 1991年

横山百合子『明治維新と近世身分制の解体』山川出版社, 2005年

吉野作造編『明治文化全集　文明開化篇』日本評論社, 1929年

Ｇ. ルフェーヴル『1789年ーフランス革命序論』岩波書店, 1998年

渡辺浩『東アジアの王権と思想』東京大学出版会, 1997年

図表出典

表1　著者作成

図1　飯田市歴史研究所提供

図2　左：著者撮影／右：小西純一氏撮影（国土交通省 天竜川上流河川事務所「人と暮らしの伊那谷遺産プロジェクト」より）

図3　上：編集部作成／下：地理院地図（ズーム15，淡色地図）

図4　『旧飯田藩士柳田家日記『心覚』』2巻，飯田市美術博物館・柳田國男館，2008年，8頁

表2　著者作成

図5　津山郷土博物館所蔵

図6　伝宮島誠一郎筆「貧時難行図」，米沢市（上杉博物館）

表3　著者作成

図7　『週刊　新発見！日本の歴史02　近代1』朝日新聞社，2014年，17頁

図8　埼玉県 阿部氏所蔵

表4　著者作成

図9　『長野県史　通史編』第七巻近代一，長野県史刊行会，1988年，28頁

図10　横浜開港資料館所蔵

図11　『旧飯田藩士柳田家日記『心覚』』1巻，飯田市美術博物館・柳田國男館，2004年，14頁

図12　「学海先生一代記」（学海日録研究会編『学海日録』別巻，岩波書店，1993年，40〜41頁

図13　著者作成

図14　国立国会図書館デジタルコレクション　https://dl.ndl.go.jp/

図15　国立公文書館所蔵

図16　『福井県下商工便覧』所載，福井県立歴史博物館所蔵

著 者

池 田 勇 太
いけだ　ゆうた

1978年生まれ。東京大学大学院人文社会系研究科博士課程修了。現在，山口大学人文学部准教授。専攻は日本近代史。
主要著書・論文
『福澤諭吉と大隈重信—洋学書生の幕末維新』（山川出版社，2012年）
『維新変革と儒教的理想主義』（山川出版社，2013年）
「明治初年の開化論と公論空間」（塩出浩之編『公論と交際の東アジア近代』〈東京大学出版会，2016年〉）

歴史総合パートナーズ⑭
武士の時代はどのようにして終わったのか

定価はスリップに表示

2021年 8 月 12 日　　初 版　第 1 刷発行

著　者　　池田　勇太
発行者　　野村　久一郎
印刷所　　法規書籍印刷株式会社
発行所　　株式会社　清水書院
　　　　　〒102−0072
　　　　　東京都千代田区飯田橋3−11−6
　　　　　電話　03−5213−7151㈹
　　　　　FAX　03−5213−7160
　　　　　http://www.shimizushoin.co.jp

カバー・本文基本デザイン／タクティクス株式会社／株式会社ベルズ
乱丁・落丁本はお取り替えします。　　　　ISBN978−4−389−50135−8

歴史総合パートナーズ　好評既刊

「歴史する？」私たちを取り巻くさまざまな物事を，日本史・世界史の枠組みにとらわれない視点から広く，深く考えていきます。新たな学びのパートナー，学び直しのパートナーとしておすすめします。

■判型　A5
■本体価格　各1,000円＋税（電子版　各800円＋税）

---

①歴史を歴史家から取り戻せ！
─史的な思考法─／上田　信
88ページ／ISBN978-4-389-50084-9

はじめに──一番いい時代はいつか─
1.私たちはどこから来たのか，私たちは何者か，私たちはどこへ行くのか
2.歴史を造るのは誰か
3.世界史から私たちの歴史へ
4.モノの次元
5.イミの次元
6.ヒトの次元
おわりに─史的な思考法マニュアル─

②議会を歴史する／青木　康
100ページ／ISBN978-4-389-50085-6

はじめに─議会について知っていますか─
1.議会はどのようにして生まれたのか
2.議会がどうして「主権」をもつようになったのか
3.議会と民主政治はどのように結び付けられたのか
おわりに─現代の議会　問題解決のヒントは歴史のなかにある─

③読み書きは人の生き方をどう変えた？
／川村　肇
112ページ／ISBN978-4-389-50086-3

プロローグ：読み書きできなくても大丈夫？
1.文字を読み書きするということを改めて考えよう
2.江戸時代の特質を知ろう
3.統計的数字を調査しよう
4.記録された証言を読もう
5.明治以降の識字状況を調べよう
6.日本の読み書き能力の展開を整理しよう
エピローグ：情報の読み書きへ

④感染症と私たちの歴史・これから
／飯島　渉
92ページ／ISBN978-4-389-50087-0

はじめに─人類は感染症を克服できるか？─
1.人類拡散の時代から縄文時代の感染症（数万年前から紀元前数世紀まで）
2.弥生時代から古墳時代の感染症（紀元前数世紀から紀元6世紀半ばまで）
3.奈良時代から平安時代の感染症（6世紀半ばから12世紀まで）
4.鎌倉時代から江戸時代初期の感染症（12世紀から17世紀初めまで）
5.鎖国の時代の感染症（17世紀初めから19世紀半ばまで）
6.開国と戦争の時代の感染症（19世紀半ばから20世紀半ばまで）
7.平和と国際保健の時代の感染症（20世紀半ばから21世紀初めまで）
8.21世紀の日本と国際保健の時代の感染症
おわりに─感染症の歴史学─

⑤先住民アイヌはどんな歴史を歩んできたか／坂田 美奈子

104ページ／ISBN978-4-389-50088-7

はじめに：あなたの身近にアイヌはいますか？
1. 北海道はいつから日本領になったのだろうか
2. 近代の日本はアイヌにどんな政策をとったのだろうか
3. アイヌ自身による近代化
おわりに

⑥あなたとともに知る台湾 ―近現代の歴史と社会―／胎中 千鶴

104ページ／ISBN978-4-389-50092-4

はじめに―なぜ台湾は「友だち」なのか―
1. 台湾のプロフィール―「友だち」はどんな「人」なのか―
2. 日本統治期の台湾―「ふたり」はなぜ出会ったのか―
3. 戦後の台湾社会―「友だち」はどんな道を歩んできたのか―
4. 現代の台湾社会―「友だち」はどんな明日を迎えるのか―
おわりに―「ふたり」がこれから歩く道とは―

⑦3・11後の水俣／MINAMATA／小川 輝光

120ページ／ISBN978-4-389-50093-1

プロローグ―地球環境問題の時代に，どうして公害を学ぶの？―
1. 水俣の風景から，何を読み取れるのだろう？―近現代日本の濃縮地点―
2. 「公害地図」を押し広げる，世界の環境問題と出会う
3. 水俣病を歴史学的に考えると，何が見えてくるのだろう？
エピローグ―そして，3・11後の世界の中で―

⑧帝国主義を歴史する／大澤 広晃

100ページ／ISBN978-4-389-50101-3

はじめに：帝国主義は過去のこと？
1. 帝国主義の時代
2. 戦間期から第二次世界大戦期にかけての帝国支配体制
3. 帝国主義の遺産：脱植民地化と冷戦
むすびに代えて：植民地責任と「帝国主義を歴史する」ことの意味

⑨Doing History：歴史で私たちは何ができるか？／渡部 竜也

112ページ／ISBN978-4-389-50110-5

はじめに
1. 歴史をいかに教えるべきか？
2. なぜ私たちは歴史的思考を学ばなければならないのか？―構成主義の可能性と課題
3. 歴史で私たちは何ができるか？―実用主義の可能性と課題
おわりに―Doing Historyとは何か

⑩国境は誰のためにある？
―境界地域サハリン・樺太―／中山　大将
120ページ／ISBN978-4-389-50112-9
はじめに：ベルリンの壁とトランプの壁
1.国境と国民の時代
2.サハリン島は誰のものか？
3.なぜ国境は変わり人は動くのか？
4.なぜ越えられない国境があるのか？
おわりに：＜歴史＞は＜未来＞である

⑪世界遺産で考える5つの現在／宮澤　光
112ページ／ISBN978-4-389-50114-3
はじめに：鹿苑寺の金閣は世界遺産？
1.知らない人は存在しない人なの？「ユネスコと世界遺産」
2.世界遺産も「映え」が大事？「ウィーンの歴史地区」
3.知らない人たちと一緒に暮らすことってできる？「エルサレムの旧市街とその城壁群」
4.ちょうどよい観光客の数ってどれくらい？「石見銀山遺跡と文化的景観」
5.つらい思い出は,誰が見てもつらいものなの？「広島平和記念碑（原爆ドーム）」
おわりに：同級生はマリー・アントワネット

⑫「国語」ってなんだろう／安田　敏朗
116ページ／ISBN978-4-389-50126-6
はじめに：「歴史総合」なのに「国語」とは
1.「歌会始の儀」から考えてみよう―多言語社会の問題として
2.まずは国語ということばを考えてみよう
3.制度としての「国語」ってなんだろう
4.象徴としての「国語」ってなんだろう―上田万年の議論を中心に
5.植民地支配と「国語」について考えてみよう
6.漢字を使わない「国語」について考えてみよう
7.敗戦後の「国語」について考えてみよう
おわりに：「国語」から解き放たれるために

⑬なぜ「啓蒙」を問い続けるのか
／森村　敏己
104ページ／ISBN978-4-389-50131-0
はじめに―より良い社会の可能性を求めて
1.意外と難しい「啓蒙とは何か」
2.「啓蒙の世紀」とはどんな時代か
3.啓蒙はどんな社会を目指したのか
おわりに―知の力を信じる

⑭武士の時代はどのようにして終わったのか／池田　勇太
96ページ／ISBN978-4-389-50135-8
はじめに：政治や社会が一変するとき
1.なぜ大名は領主をやめたのか
2.武家の階級はどのようにして崩れたか
3.武家の支配はどのようにして終わったか
4.なぜ士族の特権は奪われたのか
おわりに：必然ではない歴史を生きるには

⑮歴史からひもとく竹島／独島領有権問題―その解決への道のり―／坂本　悠一
124ページ／ISBN978-4-389-50136-5
はじめに―なぜ今領土問題か
1.竹島／独島を巡る日韓両国の主張とその争点
2.領土とは何か
3.日本の領土の歴史的変遷
4.大日本帝国の植民地支配と領土拡張
5.日朝両国史に見る竹島／独島の姿
むすび―平和的な解決のために